大数据时代下的
企业营销行为研究

陈家闯 ◎ 著

北京工业大学出版社

图书在版编目（CIP）数据

大数据时代下的企业营销行为研究 / 陈家闯著． — 北京：北京工业大学出版社，2018.12（2021.5 重印）
ISBN 978-7-5639-6514-4

Ⅰ．①大… Ⅱ．①陈… Ⅲ．①企业管理－市场营销－研究 Ⅳ．①F274

中国版本图书馆CIP数据核字（2019）第 021906 号

大数据时代下的企业营销行为研究

著　　者：陈家闯
责任编辑：邓梅菡
封面设计：晟　熙
出版发行：北京工业大学出版社
　　　　　（北京市朝阳区平乐园 100 号　邮编：100124）
　　　　　010-67391722（传真）　　bgdcbs@sina.com
出 版 人：郝　勇
经销单位：全国各地新华书店
承印单位：三河市明华印务有限公司
开　　本：787 毫米×1092 毫米　1/16
印　　张：9.25
字　　数：200 千字
版　　次：2018 年 12 月第 1 版
印　　次：2021 年 5 月第 2 次印刷
标准书号：ISBN 978-7-5639-6514-4
定　　价：48.00 元

版权所有　　翻印必究
（如发现印装质量问题，请寄本社发行部调换 010-67391106）

前　言

近年来，互联网尤其是移动互联网的迅猛发展极大地改变了市场营销的基本环境，4G时代的到来，"云"技术的出现和发展，又为更多领域、更大范围数据平台的整合提供了有力支撑。作为互联网发展到一个新的高度的重要标志，大数据出现了。每一种新生事物生命力的强弱，在于其是否有广阔的应用空间。因此，在行销领域，看到了更为精准化、智能化的大数据营销。

自从大数据营销产生以来，营销模式发生了一系列变化。例如，客户需求的判断性提高了，从科学性和实际可操作性方面，切实地实现了精准营销的目标。除此之外，个性化营销也在大数据技术的有力推动下，极大地提升了操作水平。同时，更要意识到，大数据营销刚刚兴起，可能还有些方面做得不够好，例如，大数据营销精准性还有待进一步提升。但总的来说，大数据在行销运用中的强大力量，已经深深地影响了营销实践。

基于大数据时代背景，本书通过七个章节的内容对企业的营销行为展开论述。其中，第一章为绪论，通过对国内外企业营销、大数据挖掘研究现状的论述，从大环境出发阐述了大数据时代下研究企业营销的价值与意义。第二章着重从营销的概念入手，强调营销、营销系统等概念方面的相关论述，这是营销的横剖面；此外对营销的历史脉络和发展趋势进行系统梳理，这是营销的纵剖面。第三章、第四章从大数据与企业营销的相互关系入手，一方面论述互联网信息技术的发展推动了大数据的崛起；另一方面论述由此衍生出的大数据对企业行销方面产生的多元化影响。第五章、第六章主要从大数据的营销价值和商业智能化方面出发，全面不失真实地进行了更为详细、深刻的论述。除此之外，通过植入不同行业的相关有趣案例也是这两章设置的一大亮点。最后本书以展望未来大数据时代下企业营销的发展趋势收尾。

本书内容较为丰富，在部分章节编排了插图，力争做到图文并茂，同时还附有理论阐述和实际案例，使读者更易于理解。所以整体来讲这本书是一本值得推荐的书。鉴于作者的才力、学力有限，书中难免出现疏漏，望读者批评指正。

作　者
2018年4月

目 录

第一章 绪论 ··· 1
　第一节 研究背景 ··· 1
　第二节 国内外研究现状综述 ··· 2
　第三节 研究的价值和意义 ·· 6

第二章 认识营销 ·· 7
　第一节 营销的内涵 ··· 7
　第二节 营销系统的核心概念 ·· 17
　第三节 市场营销的发展 ·· 24

第三章 企业营销的当代背景——大数据技术崛起 ························ 42
　第一节 大数据产生的历史背景 ··· 42
　第二节 大数据的定义和特征 ·· 43
　第三节 大数据的结构特征 ··· 44
　第四节 大数据的具体趋势 ··· 46
　第五节 大数据改变探索世界 ·· 48

第四章 大数据对企业营销的影响探究 ······································ 49
　第一节 大数据分析用户行为 ·· 49
　第二节 大数据识别用户的偏好 ··· 64
　第三节 品牌危机大数据实时预警 ·· 78
　第四节 大数据发现新市场与预见未来 ···································· 89

第五章 大数据的营销价值与机遇 ·· 104
　第一节 大数据的营销价值 ··· 104
　第二节 大数据的营销机遇 ··· 107

第三节　数据的来源与营销价值 111

第六章　大数据的商业智能与发展趋势 117
　　第一节　大数据的商业智能 117
　　第二节　大数据的发展趋势 120

第七章　大数据时代的企业营销模式探索 127
　　第一节　互联网思维与营销相结合 127
　　第二节　媒体趋势 132
　　第三节　消费商模式 136

参考文献 140
后　记 142

第一章 绪论

目前，数据时代的到来对我国企业的发展提出了新的挑战，尤其是现在我国企业的整体发展水平还存在着营销的策略和管理方法之间的不协调性，以及现在难以实现精益化发展的问题，导致在数据时代中，企业的管理水平和服务质量都没有获得提高，这在一定程度上影响着我国企业管理创新的发展。因此，在大数据的背景下，企业应该结合现在的时代背景，提高营销管理的能力，并在此基础上不断实现创想，以更好地适应新的时代，获得更多的发展。

第一节 研究背景

历史进程告诉我们，企业持续发展的根本动力来源于对利益的追求，企业希望通过各种营销手段吸引消费者实现从产品到利润这一过程。然而随着市场经济不断发展，传统的卖方市场早已经过渡到买方市场，而且随着消费者对于产品及服务的个性化需求越来越普遍，整个市场营销环境早已经发生了巨大的变化，从而导致了企业无法再利用传统的营销方法和手段去满足消费者的个性化需求，进而获得经济效益。传统的营销方法和手段不但效果不明显，而且成本却越来越大。从企业来说，营销的目的就是为企业找到目标市场，进而通过制定一系列的营销策略来服务于目标客户并最终获得目标客户，创造利润、提升效益。因此，对于企业来说，市场营销在企业经营过程中占据着举足轻重的位置。

市场营销对企业而言并不是什么新鲜事，但是如何提高营销效率却是一个足以深入研究的问题，即如何提高营销过程中所使用的营销策略的精准性，达到提高效率、提升效益的精准营销效果。于是，越来越多的企业致力于如何在复杂多变的营销环境中做好企业的营销活动工作，做到真正有的放矢的精确化营销。在所有企业未来的营销过程中，对于营销精准化的追求将是一个不可改变的主流趋势。精准营销的前提在于洞察消费者行为习惯，而企业又如何能够洞察消费者的行为习惯，或许已经到来的大数据时代能够告诉我们答案，为我们解决难题。

不经意间我们已然被数据的海洋包裹其中，似乎生活中所有的事物都与数据息息相关，如经常被人挂在嘴边的反应经济增长水平的 GDP 和反应物价水平的 CPI 等。再比如大到我们所处的自然环境层面的气候数据、社会公共领域的健康医疗数据，小到独立个体的个人信息数据，几乎所有的事物都可以用数据来描述或者解释。其中，对于我们独立的个体而言，我们在被数据包围的同时也在不断地产生各种各样的海量数据，如语音通话、视频聊天、网络搜索、网页浏览、娱乐消费等各种各样的数据。总之，我们身边的一切事物与行为都能与数据联系起来，甚至说可以用数据来表达或者描述这些事物与行为，它似乎成了语言之外的另一种表达方式。其中，在2012年3月，一项名为"大数据研究和发展计划"的项目由美国政府正式宣布启动，并且用"未来的新石油"这一词来形容大数据的重要性，希望借此研究计划能够提高大数据的战略地位，增强大数据获取与大数据价值应用的能力。美国政府的这一举动说明了"大数据"时代已经到来了。"大数据"时代的到来改变了人类的生活行为习惯、企业的商业运营模式、行业的格局划分等。总之，大数据的到来让我们重新思考和定义一切。因此，在大数据号角越吹越响的时候，如何将大数据行之有效的与企业营销相结合达到精准营销的目的成了企业关心的重点。

企业营销是一项涉及生产商、经销商以及消费者等多种社会关系的管理活动，其最根本目的就是要在各种社会关系中搭建一座科学合理的桥梁，使各方面达到共赢。在传统营销模式中，企业对市场及顾客的需求更多的是基于文字描述的静态研究，对于其动态变化的关注因为缺乏实际数据而无法进行细节量化。进入大数据时代，这样的营销方式将导致企业营销过程中市场信息充裕度低，准确率差，反馈不及时等。因此，企业需要跳出主观臆想的营销陷阱，亟须运用科学的手段和方法来发展自己，借助先进的数字化和信息化工具对复杂的市场消费行为进行准确、细致地分析。因此，基于大数据背景的现代企业营销应运而生。

第二节　国内外研究现状综述

一、企业营销研究现状

（一）国外企业营销研究现状

国外有关于企业营销相关的研究比较有代表性的就是世界行销创始人——莱斯特·伟门，他认为，随着市场竞争环境日益激烈、营销环境日益变化的情况下，企业要想生存并发展就需要改变以往的营销手段和方法，在以消费者为中心的思想指导下，借助科学技术成果，通过电话沟通、直邮和网络等多种渠道来获得顾客资料并建立相应的消费者资料数据库，从中寻找和识别有真正需求的客户，进而通过改变原有营销策略，根据消费者实际需求制定出具有针对性和高校性的产品推广方案，并且在消费购买完产品之后进行跟踪式的售后服务，使得顾客满意最大化，最终实现企业能力与客户需求的最佳匹配，同时使得双方利益最大化。

2004年，学者杰夫·萨宾（Jeff Zabin）与格莱士·布雷巴克（Gresh Brebach）在《精准营销》书中针对企业营销以及强化营销的精准性表达了自己的观点：他们认为企业营销要以客户为中心作为指导思想，在每个客户的不同价值生命周期阶段，采取多种可执行的营销方式，在合适的时间和地点，将消费者需求的产品通过合适的渠道以消费者能够接受的价格进行销售，避免了粗放式的大众营销方式的效率低下而实现了精准营销的效果。

《市场营销原理》这一畅销书中首次将基于互联网的精准营销理论融入之前的解释中。书中指出伴随着科学技术日新月异的进步，使得部分公司敢于改变以往传统的大众媒体沟通方式，进而转向具有互动模式的传播媒体，最终实现有效沟通的目的。同时，也指出：在营销过程中，企业应该在如何将沟通方式和个性化方面下功夫，并且要在合适的时间对正确的人做正确的事，这对营销效果至关重要。

2006年，美国的保罗.W.法里斯（Paul W. Farris）与尼尔.T.本德勒（Neil T. Bendle）在《营销量化指标》书中从营销量化的角度出发来专门研究如何解决营销过程中科学量化的问题从而达到精准可衡量的营销效果。营销量化指标的应用可以帮助营销策略制定者在制定相关营销策略过程中提供指导方法和决策支持。营销量化指标衡量方法是基于企业的营销视角和财务视角，该方法是对企业营销效果的一种科学且全面的评价。

2013年，丹麦的格特·劳尔森（Gert H. N. Laursen）在《精确营销方法与案例·大数据时代的商业分析》一书中，以客户细分的角度出发，说明了客户细分对于企业营销的重要性以及介绍如何实现客户细分的方法。

2013年，美国的桑德拉·左拉蒂（Sandra Zoratti）和L.加拉赫（Lee Gallagher）在《精准营销：社会化媒体时代企业传播实战指南》一书中从数据关联性与企业营销的关系出发，用相关案例介绍了如何利用数据挖掘事物间的关联性并将其应用到企业营销过程中。

（二）国内企业营销研究现状

我国有很多学者都对企业营销的现状进行了研究和分析，比较有代表性的观点如下：

曹彩杰站在精准营销的发展趋势角度指出，未来企业营销发展的趋势将是以网络和信息技术为核心的精准营销，其中以电子商务中的B2C模式应用最为显著，而且将逐步取代和淘汰传统的营销方式。

马光磊站在电子商务的角度研究如何实现企业的精准化营销，指出精准营销是企业为实现最大化利益的一种有效营销手段。其中，精准营销是基于现代化网络信息技术、个性化技术数据库、客户关系管理，并通过运用定量分析的手法展开的一种营销活动。

许欣逸从大数据与精准营销的关系出发，结合企业实际情况，指出精准营销是通过对消费者的收入、消费、网络广告点击等海量数据的分析处理，对消费者的需求、特征、兴趣爱好等消费行为做出科学的预测，然后对每位客户进行针对性的推销产品和提供服务。

从以上的国内外学者对于精准营销的研究来看，其研究热情也一直在持续，虽然每个学者对于精准营销都有自己独特的理解，但是对于精准营销的所蕴含的内在特征却是一致认可的。其特征分别是市场的准确定位、依托先进的科学技术、提供个性化的服务、营销效果的可衡量。尽管没有一个统一的定义，但是这并不是精准营销理论前进发展路上的障碍；相反，由于大数据时代的到来，精准营销将更有施展的空间，其中基于大数据挖掘的精准营销不但会在原有的互联网行业中发挥巨大的作用，并且其影响也将渐渐波及传统行业中。

二、大数据挖掘研究现状

（一）国外大数据挖掘研究现状

近年来，关于大数据的火爆程度似乎已成为了一种全民现象，大到国家战略、小到企业战略，似乎没有谁是不知道的。但是对于这么一个火爆程度异常的概念词汇并不是最近才出现，早在20世纪80年代，一位名叫阿尔文·托夫勒（Alvin Toffler）的未来学家在他的作品——《第三次浪潮》中就提到了大数据这个概念词汇，并且称颂它是人类发展史上第三次浪潮的华彩乐章。然而，在大数据概念提出之后很长的一段时间内，由于科学技术等因素的发展制约，大数据这个概念并没有引起人们的重视。随着人类步入21世纪，互联网、云计算等科学技术的兴起，重新燃起了人们对于大数据的研究热情，也催生了一股基于大数据挖掘的应用浪潮。

目前，西方国家在大数据挖掘研究过程中主要以大数据挖掘本身，或者说是技术，以及大数据挖掘的应用这两个方面为主。早在2008年，一份来自美国计算机社区联盟的报告《大数据计算：创造商业、科学和社会领域的革命性突破》从数据驱动的角度出发，指出了关于解决大数据问题应该具备哪些条件和技术以及会面临哪些挑战；2011年，阿南德·拉贾拉曼（Anand Rajaraman）和杰弗里·迪恩·摩根（Jeffrey David Morgan）在《海量数据挖掘》一书中提出了一种以海量互联网数据为挖掘对象的数据挖掘方法。2013年，Bill Franks在《驾驭大数据：从海量资料中挖掘无限商机》一书中详细地介绍了如何去有效的应用大数据，并介绍了相应的大数据挖掘应用例子。2013年，一本名为《大数据时代：生活、工作与思维的大变革》的书一直占据着各大图书畅销排行榜的前列，该书的作者分别是维克托·迈尔-舍恩伯格（Viktor Mayer-Schönberger）和肯尼思·库克耶（Kenneth Cukier），他们在书中详细地介绍了大数据给人类在生活上、工作中以及思维方式带来的改变。先是指出了在大数据时代数据处理观念的转变，即人们处理数据的目光从事物的因果关系到关联关系，从事物的精确性到复杂性等。并且深入探讨了关于大数据时代发展的根本推动力在于大数据挖掘的应用，最后还对大数据的相关产业环境以及数据安全隐私问题做了相关的分析。2014年杰瑞德·迪安（Jared Dean）在《大数据挖掘与机器学习》一书中先是介绍了大数据与机器学习之间的关系，随后研究了如何利用机器学习来实现大数据的挖掘。2014年，麦德奇（Dimitri Maex）和保罗·布朗（Paul.Brown）合著的《大数据营销：定位客户》一书中从市场营销的角度出发，介绍了企业应该如何利用大数据挖掘的力量去寻找什么样的客户，通过精准的客户定位提高企业在市场营销过程中的效率，进一步提高企业的经济效益。2015年，杜尔森·德伦（Dursun Delen）在《大数据掘金：挖掘商业世界中的数据价值》一书中，从商业价值的角度出发，介绍了大数据挖掘的相关方法，并指出利用相关的挖掘方法挖出具有重要商业价值的信息。

（二）国内大数据挖掘研究现状

与国外发达国家相比，国内对于大数据挖掘的研究近几年才开始，还处于一个摸索和学习的阶段，尚未形成一股合力，但这并未阻止人们对其进一步的探究。目前，国内学者在研究大数据时主要从大数据挖掘本身以及大数据挖掘应用这两个方面进行探索和研究。李涛在《数据挖掘的应用与实践》一书通过相关的案例来说明运用哪些挖掘方法可以达到有效的数据挖掘，并且如何将挖掘出来的有效内容与实际应用相结合；吴昱在《大数据精准挖掘》一书中，首先说明了云计算与大数据之间的关系，随后介绍了如何利用云计算技术来实现大数据的精准挖掘；孟海东与宋宇辰在《大数据挖掘技术与应用》一书中，详细介绍各种大数据的挖掘方法以及每种方法对应的应用；另外，学者涂子沛在《大数据》一书中则是从信息管理的角度出发，介绍了在大数据时代，面对众多的信息，怎样实现有效地挖掘与管理，并且保证数据信息的安全；余来文、陈吉乐两位学者在《大数据商业模式》一书中主要介绍了企业如何利用大数据来重构或者重新定义商业模式，并且指出了几种未来主流的商业模式，如平台模式、数据化模式以及体验化模式等；2015年，学者李军在《实战大数据：客户定位和精准营销》一书中，主要站在企业营销的角度出发，研究如何利用大数据挖掘实现客户的精准定位，从而达到精准营销的效果。在营销方面，还有文丹枫、朱海、朱德清三位学者在《IT到DT：大数据与精准营销》一书中研究了大数据与精准营销之间的关系，指出了企业可以利用大数据挖掘技术实现消费者的行为洞察，进而在此基础上制定一系列有针对性的营销策略，最终达到精准营销的效果。

在学术之外，各机构团体也纷纷加入了大数据研究的队伍中，其中在2012年，一场名为"大数据科学与工程"一门新兴的交叉学科"的科学会议被召开，此次会议的主要内容是大数据的相关理论以及大数据的具体应用领域等。同年，青年计算机科技论坛举办了一场有关于大数据研究的学术报告，在该报告会上，主要围绕数据挖掘、数据安全、数据平台开发等与大数据相关的内容进行激烈的讨论。另外，中国通信学会大数据专家委员会的成立，进一步促进和提升了我国对于大数据及大数据挖掘的研究水平。最后，在2015年9月，一份名为《促进大数据发展行动纲要》中央文件的颁布标志着大数据已经上升到了国家战略层面。

第三节　研究的价值和意义

　　现在所谓的数据时代，或者是大数据时代，都是针对现在对于大数据的广泛应用提出的。所谓大数据，就是利用主流软件工具无法处理的数据，这些数据内容在一定的时间范围内难以捕捉，对于这些数据的管理和处理的难度较高，因此，需要更多的新的处理模式以及更为优化的流程对这些信息资产进行管理，来实现获得更多的信息内涵的目的。在这样的背景下，大数据被赋予了精确和多样的特点，尤其是使用大数据的技术，能够在面对海量的信息环境下获得更为有价值的内容。

　　在这样的时代背景下，对于企业来说，利用大数据可以改变企业的营销模式，尤其是企业可以利用大数据的优势，不仅可以提供更为优质的服务，并可以为企业的决策者提供制定更为科学决策的依据。

　　大数据下的企业营销管理对于企业的营销水平的提高具有重要的影响，尤其是在我国现在企业市场呈现出来的买方市场的特色，在大数据背景下，企业营销管理的创新，不仅能够实现在营销中满足市场的需求，还可以通过数据的分析，在市场需求的引导下，制定相应的企业生产计划。除此之外，在大数据背景下，进行企业营销管理的创新，可以为企业的用户提供更为优质的服务，能够减少企业对于以往经验管理的依赖，并且能够更多地依靠于数据的挖掘。因为企业的营销管理是企业获得生产数据和营销策略的重要步骤，在运行的过程中，必然是会受到当今时代大数据的影响。所以，企业营销管理创新的意义就在于，利用大数据的分析和挖掘来代替以往复杂的企业营销管理活动，提高企业营销的精确度，并在此基础上扩大企业的销量，在市场竞争中获得企业的竞争优势。

第二章　认识营销

营销理论是借助西方企业的实际经营情况以及管理理论的演变历程一点一点发展而来的，现如今已成为对全部组织具有指导性意义的重要理论。但是，市场营销的具体内容是什么？营销的真正内涵又是什么？大部分人都是不清楚的，对营销的认知并不全面，理解也并非透彻。

大部分企业的营销员都有一个通病，那就是他们都一致认为把产品成功地推销出去就是营销；有些消费者将营销视为广告，认为这是商人为了让消费者花钱而设置下的陷阱；社会评论家更是谴责营销是幕后操纵、欺诈和引诱消费者的利润追求者。

一直以来，人们对营销的理论和具体实践就颇有争执，在崇拜者看来，营销是企业生存和发展必不可少的核心因素。反之，轻蔑者认为，营销只会无限加大人们的物质欲望。上述的种种认知，都在于人们对营销有不同的理解，其实，对营销加以精准、透彻的理解才是推动营销理论和实践健康发展的主要因素。

目前，营销已渗透到人们生活的方方面面。无论是公司、非营利组织、政府机构，还是社会的大众群体，都被营销所笼罩，并受到营销的影响。当然，人们的思想和行为的变化也在一定程度上促进了营销的发展。

营销告诉你向顾客提供什么、如何让顾客接受，营销告诉你如何选择你的生活方式（需求和产品）。营销是"卖"的科学和技巧，也是"买"的科学和技巧。本章我们将从营销的内涵、营销观，以及营销系统及其核心概念三个方面来理解和阐释营销的含义。

第一节　营销的内涵

根据哈佛大学商学院教授迈克尔·波特（Michael E. Porter）的价值链理论，营销是和研发、生产并列的一项基本增值活动，和其他辅助活动共同为企业和顾客创造价值。创造价值是企业所有职能的共同目标，是共性。那么在共同创造价值的过程中，营销的独特贡献（个性）是什么？正是某种独特贡献构成了一项职能独立存在的基础，不能明确说明并实际提供独特贡献的职能，其组织角色是模糊的，地位是不稳固的。营销的独特贡献是需求的创造和扩散。

一、营销的定义

定义是对某一事物的基本属性的概括。随着社会实践的发展和人们认知地不断深化，定义会随之发生变化，学科研究范畴也随之演化。对于市场营销的定义而言，不同的学者、机构有着各自不同的理解与界定。

（一）AMA 的定义

美国市场营销协会（American Marketing Association，AMA）是一个由致力于营销实践、教学与研究的人士所组成的非营利性专业组织，以"捕捉最新市场营销动态，发布最新市场营销研究成果"为宗旨，其所发布的市场营销定义一般代表了同一时代多数学者认同的观点，因此往往作为标准定义出现在教科书中。

AMA 先后发布了 5 次市场营销定义，时间跨度 70 余年。AMA 对市场营销定义的演变轨迹如表 2-1 所示。

表 2-1 市场营销定义的演变

时间	定义	关键字
1935 年	从生产者向消费者转移产品和服务	转移
1960 年	将产品和服务从供应商引向消费者的业务活动	引导
1985 年	对创意、产品和服务进行计划、定价、推广和分销，并通过交换来满足个人和组织需要的规划与执行的过程	交换
2004 年	采用企业与利益相关者都可获利的方式，为顾客创造和传递价值，并管理顾客关系的组织功能和一系列过程	顾客价值
2007 年	创造、传递、交换对顾客、客户、合作伙伴和整个社会具有价值的提供物的一系列活动、组织、制度和过程	提供物

1935 年的定义：该定义反映了 20 世纪初，工业革命使生产方式由家庭手工作坊生产转变为工厂批量生产，形成了生产者与消费者在供求地点上的显著差异以及分销出现的社会背景。所以尽管当时市场营销已从经济学中分离出来，但营销的主要内容还只是体现在分销上，"传送"是当时营销的主要职能体现。

1960 年的定义：随着第二次世界大战的结束，战时聚集起来的强大生产能力由供应整个盟军转向只供应美国本土市场，再加上战后婴儿潮约有 8 000 万的新出生人口，美国压抑已久的市场需求终于爆发。与此同时，电视这种新媒体的出现，促使营销成为企业管理中极其重要的角色，广告的影响力与吸引力越来越大。在此背景下，AMA 认为："市场营销是引导产品和服务从供应商向消费者流动的商业活动。"尽管当时顾客导向的营销理念已显现雏形，但该定义仍然以推销为主导理念，认为商业企业的重要功能是吸引或说服顾客购买产品，因此需要"引导"潜在顾客变成现实顾客，"引导"现实顾客增加购买量，使用"推"和"拉"两种力量引导产品和服务的流动。

1985 年的定义：1968 年，哈佛大学西奥多·莱维特（Theodore Levitt）教授提出企业需要警惕"营销近视症"，给传统营销理论带来巨大冲击；1969 年菲利普·科特勒（Philip Kotler）提出营销概念扩大化，认为营销在很多领域中可以使用；以及顾客导向的营销理念、营销的交换本质的最终确定，都成为营销概念变迁的推动力量。AMA 也终于在 1985 年对市场营销进行重新定义："市场营销是对创意、产品和服务进行构思、定价、促销和分销，并通过交换来满足个人和组织需要的规划与执行的过程。"从这个定义中可以看到营销对象扩大化、营销执行的 4P 架构、交换的概念、需要的满足等几个方面的变化。在距离上一次营销定义的 25 年时间里，传统生产技术进行了调整发展，生产率得到充分提高，买方市场全面、实质性形成，以顾客为导向的营销学科最终成型。

2004 年的定义：进入 21 世纪，各个学科都在反思过去、展望未来。此时，营销实践面临的主要问题是营销价值的衡量，营销者急需一种像财务报表一样的数字列表来精准衡量营销的产出。与此同时，顾客满意、顾客忠诚以及关系营销成为市场饱和下的新的竞争策略，网络便捷的企业顾客互动手段使得顾客可以参与到企业的生产过程中，顾客的双重身份使得营销的交换概念必须与时俱进。在菲利普·科特勒的影响和倡导下，"价值"成为营销的主题，AMA 将市场营销定义修订为"采用企业与利益相关者都可获利的方式，为顾客创造、沟通和传递价值，并管理顾客关系的组织功能和一系列过程"。该定义强化了顾客的作用，不仅顾客的需求决定了市场，顾客也能参与到价值创造的过程，与顾客共同创造价值的经营理念也在互联网普及的背景下被越来越多的创新型组织所采用。从这个意义上说，营销过程也是企业同顾客互相合作的活动过程。

2007 年的定义距上一次仅仅相隔三年，其原因是 2004 年的定义不为广大学者所认可，2004 年的定义认为营销范围的界定过窄，且忽略了营销的社会责任与社会作用。通过调研全球营销学者对营销定义的看法，AMA 给出了如下定义："创造、沟通、传递、交换对顾客、客户、合作伙伴和整个社会具有价值的提供物的一系列活动、组织、制度和过程。"该定义其实是 1985 年与 2004 年定义的混合体，尽管"交换"不再是营销的唯一功能，但它也必然是其中的一部分，"价值"的核心地位被"提供物"所代替，而提供物涵盖的范围显然超过了创意、产品和服务。

（二）营销的其他定义

菲利普·科特勒与凯文·莱恩·凯勒（Kevin Lane Keller）合著的《营销管理》（第 14 版）

将市场营销定义为:"个人和集体伙同他人通过创造、提供、自由交换有价值产品和服务的方式以获得自己的所需或所求"。

杰罗姆·麦卡锡（Jerome Macarthy）（20世纪营销代表人物，4P理论）于1960年也对微观市场营销下了定义:"市场营销是企业经营活动的职责，它将产品及劳务从生产者直接引向消费者或使用者以便满足顾客需求及实现公司利润"（《基础市场学》第19页）。

1990年，克里斯琴·格罗鲁斯（Christian Gronroos）给出的市场营销定义是:"市场营销是在一种利益之下，通过相互交换和承诺，建立、维持、巩固与消费者及其他参与者的关系，实现各方的目的。"

中国营销界代表人物中国人民大学郭国庆教授在《市场营销学通论》（第6版）中将市场营销定义为"以满足人类各种需要和欲望为目的，通过市场变潜在交换为现实交换的活动。"

哈佛教授迈克尔·波特说:"你（企业）为得到或者保持一个客户所做的一切都是营销。"这一定义非常简单，但含义完整。

拉塞尔·维纳（Russell Winer）在《营销管理》中的定义:"营销是试图影响选择的一系列活动。"

知乎网友认为市场营销就是企业为消费者创造对方想要的价值，建立与维持关系，以获得回报的过程。思维过程表达式: STP+4P+CRM。

彼得F.德鲁克认为:"营销使推销成为多余。"

（三）我们对营销的定义

上述定义，虽然表达、强调的重点各有不同，但以下各点却是必然。首先，都强调营销必须创造、提供有价值的产品（利益、欲望）；其次，要影响顾客的选择并维持顾客；再次，必须通过交换使这种产品为特定的顾客所接触并获取；最后，营销必然是一种活动。

但是，创造、提供有价值的产品是企业整体活动的结果，也就是研发、采购、生产和营销等基本增值活动，是财务、人力资源等辅助增值活动的共同结果，营销只是在其中发挥了部分作用。交换也只是一系列价值达成，或供需双方最终各取所得的活动过程的最后一环或最终表现，而为什么会发生这种交换、如何促使这种交换的发生才是问题的本源。

基于此，本书将市场营销定义为：在考量并获得全体利益相关者的支持下，通过对顾客需求的创造与扩散服务于企业创造顾客价值，不断为推动人类美好生活而努力的一种社会活动和管理过程。

从形式上看，营销是一种社会活动和管理过程。营销是一种社会活动，说明营销涉及社会的方方面面，不仅是企业的内部活动，也是企业的外部活动；不仅是买卖双方或相关利益者之间的事，还涉及政府、各种社会团体以及公众；不仅涉及机构或人，还涉及社会价值观、社会制度和组织。因而，营销也必然是一种管理过程，需要对上述方方面面加以协调。

从目标上看，营销在于推进拥有美好生活的和谐社会的发展。这种美好生活不仅是指物质丰富或奢华，更是生活方式（对消费者而言）或经营方式（对组织而言）的和谐与美好。而生活方式或经营方式又都是由一系列相互关联、相互作用的需求构成的，美好的生活方式意味着一系列美好的需求。从这个意义上说，营销是一种创造社会生活标准的活动。当人类在获得基本生存条件的满足后，推动社会继续发展的不再是产量的扩张，而是质的提升，即生活方式的创新。营销的社会意义由此可见一斑。

登山、蹦极等极限运动的悄然兴起，坐奔驰、开宝马的追求，苹果、谷歌所代表的未来科技想象，这一切无不和营销的努力密切相关。营销正以其丰富的创意，不断地描绘着人类的未来，并通过有效地沟通传递新的生活观念和生活方式。

20世纪70年代，有两个名叫史蒂夫的男性在一个狭小的车库里创造了一台让人出乎意料的计算机，从此他们用一种截然不同的方式，开辟了这个领域的新天地。从麦金塔计算机的成功开始，苹果公司一点点的壮大，从iMac到iPod再到iPhone和iPad，没人能否认这家位于加利福尼亚州库比蒂诺的公司对计算机行业和大众消费电子行业产生庞大的影响力。如今，iPhone是世界上最畅销的智能手机，Mac Book系列在笔记本计算机市场上处于领先地位，iPad家族仍然是最强大的平板计算机产品线之一。对于Apple Watch来说，苹果正在想方设法与消费者构建更加紧密的关系。

如今，苹果产品就像明星一样被追逐。为什么苹果迷会有这样的冲动心理和行为呢？一是产品功能。二是基于对时尚、个性、追风等可表述、不可表述的人性，人的精神欲望的理解和把握。最后，苹果将这些统统转换为苹果符号，那个被咬了一口的"苹果"代表着这一切。三是从观念上看，营销者应回归社会公民的本质，强调营销是营销者与顾客、合作伙伴等利益相关者的合作，这就必然要求营销者不仅要考虑自身的、顾客的利益，也要考虑相关利益者的，即社会整体的利益。四是从本质上看，营销是对需求的创造和扩散。在强调营销是企业顾客价值创造活动的一部分的同时，又指出其有别于研发、生产、采购、财务、物流、人力资源管理等职能活动对企业顾客价值创造的独特贡献。正是这种独特贡献规定了营销的本质。

二、营销的本质

如上所述，营销的本质是需求的创造和扩散，下面从市场营销与价值链、个体需求与行为、需求创造与扩散的意义三个方面做进一步阐释。

（一）市场营销与价值链

根据波特的价值链理论，公司为客户创造价值的过程可以划分为一系列独特而又紧密相关的经济活动，共同构成公司的价值链，如图2-1所示。

价值链将企业价值创造活动分为两类：基本增值活动和辅助增值活动。基本增值活动与产品实体的形成以及实现其使用价值具有直接关系。它们通常是产品的生产和管理环节。市场部门定义目标客户及其需求，销售部门获取客户订单，研发部门以订单为基础设计产品，物流管理部门根据产品设计采购原材料，生产部门处理和组成产品实体，销售部门与物流部门和技术部门合作，完成销售以及后续的售后服务，并把客户产品使用信息返回给市场部。辅助增值活动与产品实体的形成不具有直接关联，而是服务于基础增值活动部门，为基础增值活动提供有力支撑。

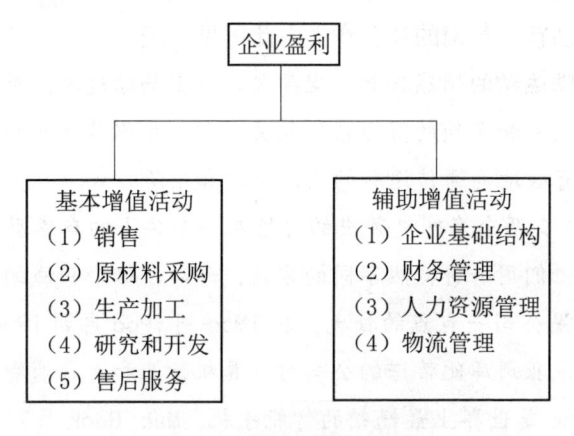

图 2-1 价值链极其构成

可见，顾客价值的创造来自企业各价值环节的共同努力，而不是任何环节单一努力的结果，所以有必要进一步明确每一环节自身对价值创造的独特贡献。如果说研发、采购与生产加工的本质是提供满足需求的基本手段，那么营销的本质则是创造并扩散需求。图 2-2 表明了企业价值链基本增值环节的相互关系及营销的本质。

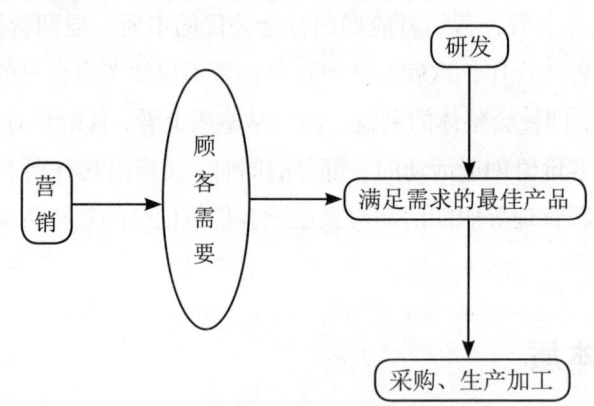

图 2-2 营销的本质

（二）个体需求与行为

根据心理学理论，需求是个体采取一切行动的根源，图 2-3 表明了个体需求与行为之间的关系以及所涉及的其他概念。

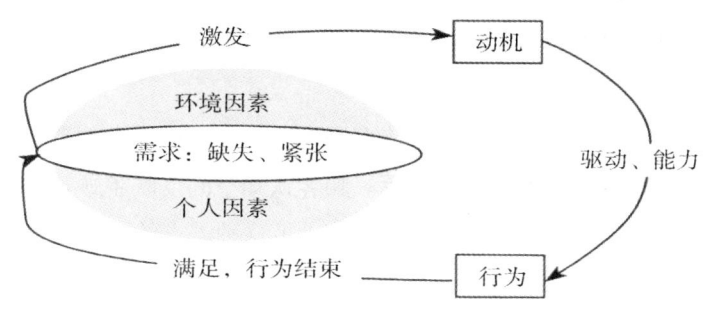

图 2-3 个体需求和行为

个体需求在环境刺激作用下产生，即个体意识到某种缺失，这种缺失导致其内心产生一种紧张状态。因个体差异，相同的环境刺激所导致的缺失或紧张状态会有所差异。

这种紧张状态将驱使个体寻求缓解方案，即形成动机；在动机驱动下，个体采取其能力能够支撑的某种行为以获得缓解方案，满足自己的需求；需求得到满足，内心的缺失和紧张状态消除，一次需求产生、满足的行为过程也就结束。

由此可见，人们乐于购买源于内心需求的产品，为使顾客产生购买、消费行为，必先诱使其产生需求。

随着买方市场的形成，大多数产品处于供过于求的状态，企业很少受到来自设备、材料采购供应的压力，作为买方，企业占据着主动地位。但当行业慢慢成熟，产品逐渐走向高质量基础上的同质化时，生产过程创造竞争优势的可能性越来越小，企业不得不将经营的重心更多地转向销售系统，希望销售系统除了要能将生产出来的产品销售出去以外，还能对企业的经营决策提出建议，销售系统也就逐渐演变为营销系统。营销（市场分析、推广及销售）成为贯穿价值链所有环节的活动。

从销售系统到营销系统的转变，关键的变化是企业市场活动的重心从"生产后"前移到"生产前"，市场营销不仅要把已经生产出来的产品销售出去，更要关注并决定企业应当生产什么、生产多少、什么时候生产。也就是说，营销的本质是把握顾客的需求是什么，能满足这种需求的产品是什么、需要多少、什么时候需要。

（三）需求创造与传递

需求创造提供的一条基本信息是"营销应该告诉客户他们应该要什么，而不单一地提供客户心里想要的"。首先，并不是全部客户的所有需求都具有合理性和持续性，盲目满足顾客的需求并不能与社会营销的概念相适应。其次，社会的迅猛发展，科学技术地不断飞跃，客户对需求的描述变得越来越不清晰。客户已经不知道他们需求什么了，他们需要营销人员给予指导和帮助。所以，简单而言，需求创造就是让客户对自己的需求有精准的定位，以及怎么样才可以确保自己的需求可以得到满足，当然，创造需求的前提是要确保需求的合乎常理。

需求被创造之后，一方面需要通过传递来扩大顾客基数，达到需求扩散，因为只有达到一定规模的需求在经济上才是有效的。另一方面还要深化需求内容，这包括将需求转变为顾客对能够满足这一需求的特定产品的追求，还包括提升顾客需求满足的迫切性，此时的需求才是现实的。

顾客需求的产生是一个复杂过程，受诸多因素影响。因而需求创造与扩散是一个系统工程，主要受制于三个方面，如图 2-4 所示。顾客认知空间反映了顾客本身存在的潜在需求，包括这种需求的稳定性、发展性以及顾客为满足这种需求的参与度等。

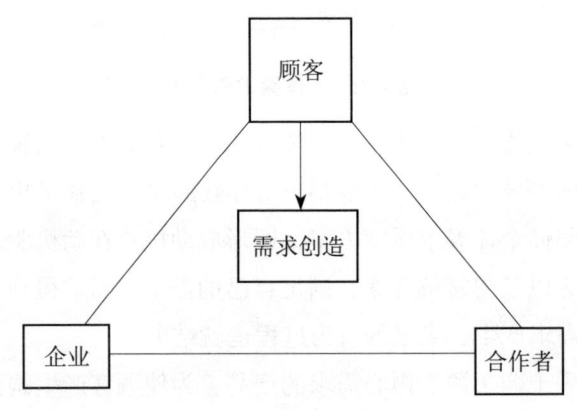

图 2-4　需求创造与扩散系统

企业能力空间是指企业的资源、能力以及商业模式等的宽泛性，能力空间规定了企业能创造什么需求以及需求的扩散程度。

合作者资源空间涉及合作者的资源、意图、执行能力等。合作者既可以是行业内的竞争者，也可以是产业链的上下游合作伙伴。合作者资源空间构成了对需求创造的重大制约，即他们在需求创造上是形成合力从而提高了创造力，还是力量互相抵消从而降低了创造力。

三、营销的职能

不管是创造需求还是推进美好生活，市场营销在企业内部的具体职能活动一般表现为三大类：一是市场分析与规划，二是销售与客户管理，三是流程建立与部门协调，如图 2-5 所示。

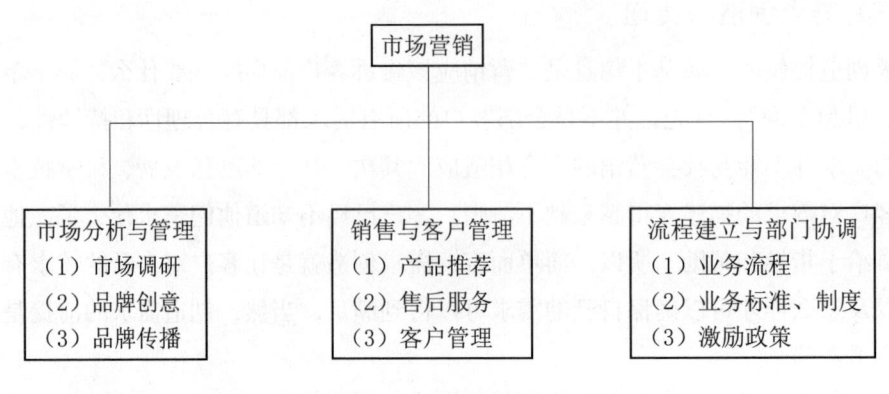

图 2-5　营销的职能

（一）市场分析与规划

市场分析与规划包括市场调研、品牌创意和品牌传播三个方面。

市场分析与规划是企业营销活动乃至整个企业活动的首要环节。

市场调研包括对宏观环境、行业环境、竞争对手、顾客行为的调查和分析。市场调研的目标在于准确把握来自政治、法律、经济发展、社会文化、科学技术、行业及竞争等对需求和供应的约束，为企业确定目标市场、品牌创意、产品组合、定价、分销、沟通等提供依据。

品牌创意的本质是对目标顾客需求（生活方式或生产方式）或企业解决方案的抽象的、高度概括的概念性描述，这是以一种简洁的、具有强烈视觉、听觉冲击力的表现形式向目标顾客展示品牌所代表的生活方式或生产方式。

品牌创意是营销的灵魂。一个好的创意只有被大众知晓、接受，品牌才会产生价值。品牌传播就是通过有效地整合广告、新闻、事件等传播手段，将品牌创意和产品信息送达目标顾客并使之理解和接受，激发其消费欲望产生需求，付诸行动搜寻、比较产品，这是需求的传递和扩散过程。

（二）销售与客户管理

销售与客户管理是向目标顾客面对面地推荐产品，帮助顾客实现需求的活动，具体包括产品推荐、售后服务和客户管理三个方面。

产品推荐是指企业销售人员通过各种有效手段，面对面地向目标顾客介绍、展示产品的功能、特点和使用方法，尤其是产品的顾客利益，将顾客的需求欲望转变为对企业产品的实际购买行为。售后服务是指及时了解并帮助顾客解决在产品使用过程中遇到的各种实际问题，如安装、使用、维修等。客户管理也称客户关系管理，这是指了解和把握潜在的和现实的客户需求、行为等动向，建立客户数据库、客户间的沟通管道和沟通机制，前瞻性地发现并满足客户的新需求。

（三）流程建立与部门协调

流程建立与部门协调是建立企业营销运作的业务流程、标准、制度和激励政策并监督执行，为企业有效开展营销活动提供规则保障和激励。

流程建立是指建立高效规范的营销业务流程，确定企业内部各部门、企业外部各类经销商、辅助商（品牌机构、广告商、物流商、律师事务所、会计事务所）等在行销过程（包括产品销售过程）中的分工和责任。部门协调是指依据企业业务流程规范有效预防和协调日常运作过程中部门之间的各种可能的冲突，保证企业的各项活动围绕实现顾客需求、创造优异顾客价值的核心。

相对而言，市场分析与规划是面向潜在顾客、现实的顾客整体的活动，如解析目标顾客的整体特征，通过大众媒介向目标顾客传递企业品牌和产品信息。市场分析与规划重在唤醒顾客的潜在需求，甚至以创新的营销（生产）方式激发顾客的消费需求，由需求拉动对产品的搜寻和购买，对产品产生消费欲望。

销售与客户管理则更多的是面向顾客个体的活动，销售人员必须准确把握每一位顾客的偏好、生日等信息沟通方式；销售与客户管理重在向顾客介绍、推荐用于满足需求的解决方案（产品或服务），帮助顾客实现需求而不是激发需求，所以更多地表现为一种推动，促成顾客购买企业的产品。营销职能的相互关系及其与顾客需求的相互关系如图2-6所示。

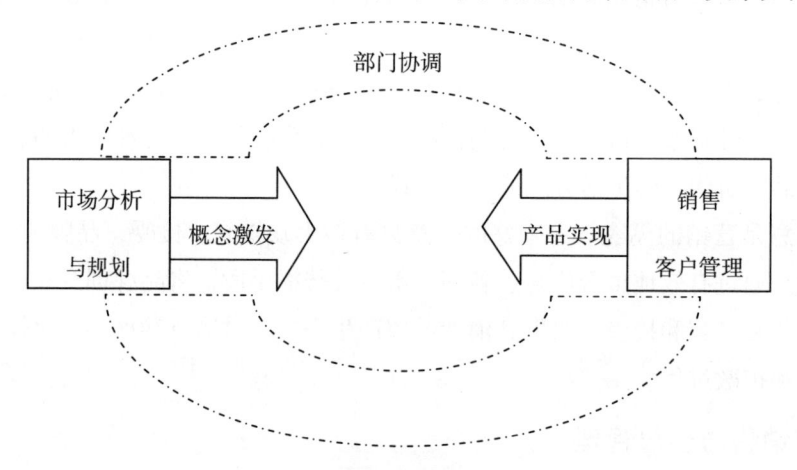

图 2-6　营销职能与顾客需求

从组织结构看，营销的三项基本职能通常由市场部、销售部和管理部分别承担，大型的、复杂产品制造企业的营销部门设置会更细一些，如客户服务、广告、大客户管理等都有可能成为独立的部门，销售部也可能按产品线进行设置。

从我国企业的营销组织结构来看，大多数企业的营销中心都下设立了销售与客户服务部门，市场分析与规划部门却非常罕见，鲜见负责流程规范和部门协调的机构。这说明以销售代替营销仍然是我国企业中存在的普遍现象，这也反映了我国企业对营销的认识偏差。

（四）营销的职业发展

从员工职业发展来看，营销职业可细分为市场分析师、品牌规划师、品牌（产品）经理、行政经理、媒体经理、客户经理和销售工程师等，不同职业要求员工具有不同的知识和技能结构。

市场分析师要求具备扎实的经济理论基础、灵活运用各种数量分析工具的能力和良好的理性思维、综合判断力；对顾客情感的感悟力、发散性思维，从艺术和文学到科学的广博知识进行分析，精湛的语言应用技巧是对品牌规划师的基本要求。品牌（产品）经理、行政经理则应当具有良好的组织协调和领导能力。媒体经理必须熟悉各类媒体的基本特征、受众，在信息技术极速发展变化的时代，还要能及时跟踪和运用各种新闻媒体，对各类媒体的整合能力。换位思考能力、人际沟通能力（感染力、说服力、控制力）和不屈不挠的耐心是成为一名优秀的客户经理的必要条件。销售工程师既要有良好的商务知识还要有一定的产品知识。

第二节 营销系统的核心概念

营销既是企业活动的一个重要组成部分，也是社会活动系统的一个子系统，有它自身的系统结构、流程和要素，这些要素构成了营销的核心概念。

一、营销系统、流程与计划

营销在需求把握和创新的基础上构思有效产品并激发顾客需求，通过市场交换送达顾客以满足顾客的需求，所以营销始于需求终于需求。把握需求、产品和市场营销者这些核心概念是理解市场营销的重要基础，图2-7给出了营销系统及流程、要素。

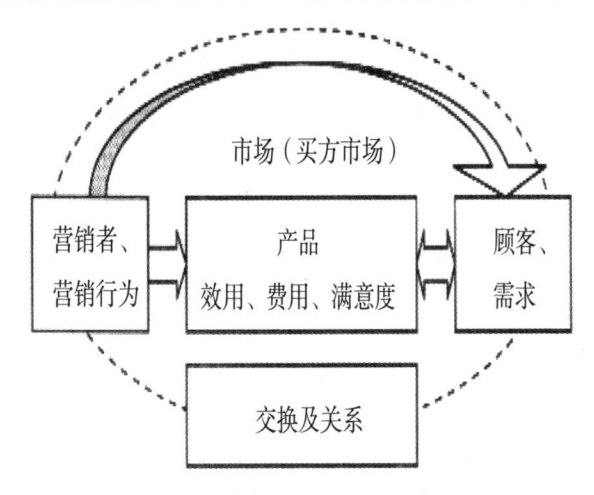

图 2-7 营销系统及流程、要素

（一）营销系统

由图2-7可知，营销系统由营销主体—营销者、营销对象—产品、营销客体—顾客和营销载体—市场等四个要素构成。这四个要素同时也是市场营销学的核心概念，是营销学理论与实践的基石。

（二）营销流程

需求创造、传递和扩散、实现贯穿于营销过程的始终。图2-7也部分地反映了营销的基本流程：营销者洞悉顾客的需求，提供满足需求的产品或解决方案，营销者和顾客在市场上通过交换各取所需。这一基本流程在实践上可分为洞悉需求、阐述需求、传递需求和满足需求四个阶段。

洞悉需求市场机会就是未被满足或未被完全满足的需求，所以洞悉需求就是发现市场机会。因此，营销者必须首先熟知需求产生、发展与扩散的基本规律，掌握需求识别与测量的基本方法与技巧。由于需求的产生与变化是内外因素综合作用的结果，营销者需要通过对外部环境要素、消费者需求与行为、组织市场需求与行为的变化监测分析，预测出市场未来需求的变化，从而把握市场机会。

阐释需求市场机会既存在于顾客明确提出的需求中——显性需求，也隐藏在顾客内心深处不为所知的需求中——隐性需求。据调查发现，并非所有的需求都是合理的、有效的，需要进行分析、评估与选择。面对顾客需求的日趋个性化、情感化，营销者出于自身资源有限性与竞争规避的考虑，只能针对部分顾客的部分需求进行满足，确定目标顾客也因此成为市场营销的一项基础战略。为了更好地联结目标顾客，使之忠诚，营销者需要利用品牌来对需求进行阐释，明确需求对顾客的社会心理学含义。

传递需求：面对目标顾客及其背后的市场机会，营销者需要通过具体策略——营销行为来向顾客传递需求、扩散需求，让更多的目标顾客认识到了这种需求，知道需求满足的手段及条件。一般来说，营销策略包括产品策略、价格策略、管道策略和传播策略。

满足需求：最终，需求的满足是通过产品消费获得实现的。这就需要构建销售组织与销售流程来帮助目标顾客的购买与使用产品，通过客户管理来加强目标顾客与营销者之间的密切关系，保障顾客的重复消费。由于市场环境的多变、计划执行的偏差，营销者还要在行销执行过程中还必须建立一套有效的评估、控制机制来确保需求的满足。

（三）营销计划

营销计划是指营销者针对具体业务制定营销目标，实现这一目标所应采取的策略、措施和步骤的明确规定与详细说明，也是对营销流程的具体化。表2-2概述了一个典型营销计划（方案）的基本结构与主要内容。

表2-2 营销方案的基本结构和内容

序号	部分	主要内容
1	概要	对计划目标及内容的扼要综述，以便上级部门快速抓住计划要点
2	当前营销状况	市场情况：描述整体市场与主要细分市场的情况，评价顾客需求和营销环境中潜在顾客购买行为的因素 产品状况：列出产品线中的主要产品的销售额、价格和毛利润 竞争情况：评价主要竞争产品的品牌定位及其在产品、价格、管道与传播中的策略 管道情况：评价主要分销管道、最近的销售趋势和其他进展
3	机会识别	通过对环境、竞争对手、需求和行为等方面的调研分析与描述，确认需求和行为的发展趋势，评估可能面临的主要威胁和机会，识别出其中所有可能的市场机会，有效细分市场
4	品牌定位于概念测试	根据目标顾客的需求和行为，结合自身文化，阐释品牌定位，设计概念测试类方案以评估是否符合目标顾客心理

续 表

序号	部分	主要内容
5	选择目标市场	在所有有效的细分市场中，综合竞争对手、企业优势、市场成长性等因素，选择最有利的细分市场作为目标市场
6	确定目标	根据环境、竞争、市场的成长性等因素和自身的资源，确定期望的市场份额、利润率、知名度等市场目标、财务目标和营销目标
7	产品价格及测试方案	为满足顾客需求，就整体产品及价格组合进行设想，设计测试方案确认顾客对产品及其价格的认知，并确定最佳的产品和价格组合
8	传播方案及测试方案	设计需求及产品信息结构、整合各种传播手段形成可能的传播方案，设计传播测试方案以确定最佳的信息传播方案
9	管道及销售组织	设计产品分销管道，选择经销商及经销方式，设计企业销售组织、销售政策和产品投放方式，确保顾客能够有效接触并得到产品
10	行动方案	明确营销计划如何转化为具体的行为方案，包括方案分阶段的实施过程，做什么，谁负责去做什么，什么时候做，费用的落实
11	预算	列出预期收益（预期的销售数量、平均的净价格等）与营销成本
12	评价、控制和调整机制	构建方案执行的评价指标及目标标准、形成指标检测方案、设计控制和调整机制、及时发现并解决执行过程中的问题

二、顾客及需求

顾客及需求是营销活动的中心，顾客的需求在营销者发起的营销行为刺激下得到唤起，进而产生想要满足自己需求的愿望，并积极寻求能够满足需求的产品和提供者。所以，营销活动就是围绕目标顾客不断创造需求、扩散需求、满足需求、提升需求、再满足需求的一个持续上升的循环过程，如图 2-8 所示。

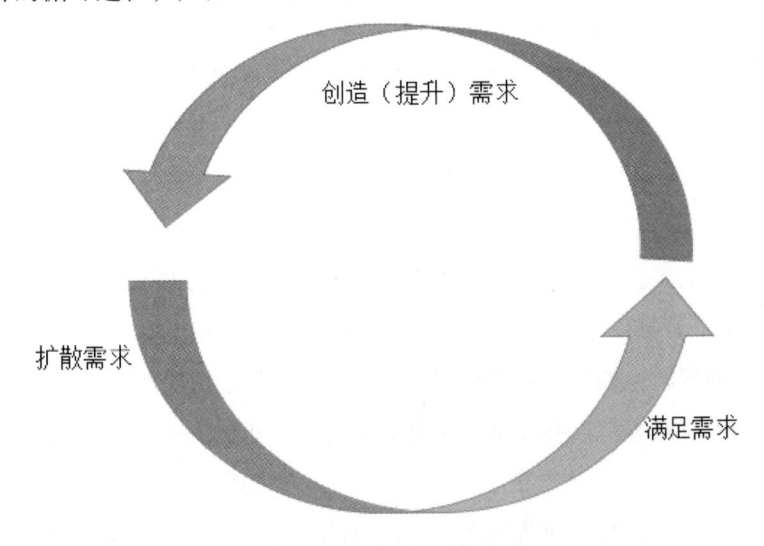

图 2-8 需求创造、满足循环

（一）顾客

顾客是相对于营销者而言的，是指在行销过程中处于被动、消极的一方。在买方市场条件下，产品供过于求，卖方主动、积极地创造需求、寻求买方，买方则拥有足够的挑选余地，处于主导地位，不采取主动寻购的行为，顾客就是购买者，这是我们今天面临的情况。但这绝不意味着顾客在具体交易过程中完全被动，顾客一般会采取一些策略，如讨价还价来获取更为有利的交易条件。反之，买方也可能是营销者，卖方才是顾客。

在自媒体不断发展的前提下，消费者已经越来越主动、积极地表达自己的需求意愿，但这种表达往往缺乏明确的目的性，更没有转变为主动、积极地寻求满足的行为。

（二）需求

需求是市场营销最基本、最重要的概念，顾客之所以是顾客，只是因为他有需求。与需求紧密相关的一组概念是行为、生活方式和经营方式。

需求是人们希望改善目前状态的一种心理愿望，如对目前工作不满而希望更换工作，对生产效率不满而希望改造生产线。就消费者而言，行为是为满足需求而进行的活动或采取的措施，如寻求产品信息、去某个商场或网店购买、在聚会时使用等；就企业经营而言，行为是拓展生产线自行生产某个部件，也可以直接向这一部件的某个生产商订制。

生活方式是人们根据某一中心目标而安排其生活的模式，并可通过人们的活动、兴趣和意见体现出来。这个中心目标就是人类思想中固有的某种生活价值观，而活动则表现为人们对衣、食、住、行、劳动工作、休息娱乐、社会交往等物质生活与精神生活内容的向往，也包括为追求这些内容所产生的具体行为。如大学生毕业后从集体宿舍到50多平方米的单身公寓是两种差别巨大的生活方式，这里面既有对住房面积、功能、环境的不同需求，也包括了因不同的自由空间所产生的不同行为。

组织开展经营活动过程中与各利益相关者形成的关系以及生产方式统称为经营方式。无论是组织与利益相关者直接的关系发生怎样的演变，还是生产方式产生怎样的变化，都会对社会经济发展产生巨大的影响，在微观层面上引发新的需求与行为。

显然，生活方式与经营方式是涵盖需求和行为的一个更为宽泛的概念，可理解为"元"与"域"的关系，即生活方式是个体众多需求与行为相对稳定的有序集合，经营方式是组织机构需求与行为的集合。人们生活方式与经营方式的改变必然引发需求与行为的改变。

其实，"需求能否被创造"一直是营销研究过程中被讨论的话题，对需求内涵的认识差异是引发争论的根源。如果把需求理解为人们为了生存、发展而需要食品、衣服、住所、安全、归属、受人尊重等，这些需求显然是人们与生俱来的并且是必须存在的，营销不需要也不可能创造。但这种理解并没有给出需求的定义，更没有揭示出需求的本质，只是给出了需求的具体类型。若将需求界定为："人们希望改善目前状态的一种心理愿望"，由于人们对目前状态的满足标准是变化的，如人们对食物的追求从饱腹耐饿到营养均衡，对服装的关注从遮羞保暖到彰显个性，对住房的要求从遮风挡雨到舒适安逸，而营销就是促成这种标准变化的一个强烈外因，从这个角度来看，需求显然能够被创造。

基于"需求是人们改善目前状态的一种心理愿望"，从营销角度来看，创造需求就是要打破目前顾客的满足状态，使其从满足变为不满足。传递需求就是扩散顾客的不满足，变个别顾客的不满足为群体的不满足。而对顾客满足状态的改变是可以通过提供一种新的满足标准（或参照系）来进行的。具体而言，就是针对消费者可以提供一种新的生活方式，针对组织机构可以倡导一种新的经营方式。美国西部航空公司的广告语"先定义你的生活方式，再选择适合你自己的产品与服务"是对这一思路的最佳诠释。

三、营销者及营销行为

营销者是营销活动的主动发起者，他们创造需求，提供满足需求的产品，在市场上通过一系列营销行为激发顾客产生需求，进而寻求满足需求的产品。当买卖双方都积极时，双方都是营销者，这种情况也称之为相互市场营销。

（一）营销者

营销者既可以是组织，也可以是个体，甚至是一种松散或紧密的营销者群。企业是最主要的营销者。企业要获取盈利，就必须有顾客购买其产品，而顾客购买产品的前提是有需求，所以企业都必然地要制定、实施一系列的营销行为进行需求创造、传递，培育顾客需求和行为，引导顾客进行购买和消费。这里的企业不仅指生产者，也包括经销商和各类辅助商，如广告商、媒体、物流商等，企业之间既有合作也有竞争。

个体为了职业发展或融入朋友圈等，也会采取一些行为来表明自己的价值观、行为规范，接受这些价值观、行为规范。

而一些具有共同或相近生活价值观、方式的人也会以各种方式形成正式或非正式、松散或紧密的群体，并以特定的方式宣扬他们的价值观和生活方式。当然，这种宣扬不一定有明确目的。

（二）营销行为

营销行为是指营销者为获取对方或相关利益者、公众的信任与认可，进而得到有利交易条件而采取的策略或措施。卖方，主要是寻求客户并获取高价；买方，则是寻求卖家并获取低价。可见，就相互寻求来看，双方是一致的，就成交价格来看，双方是冲突的。图2-9是一个简单的营销行为含义示意图。

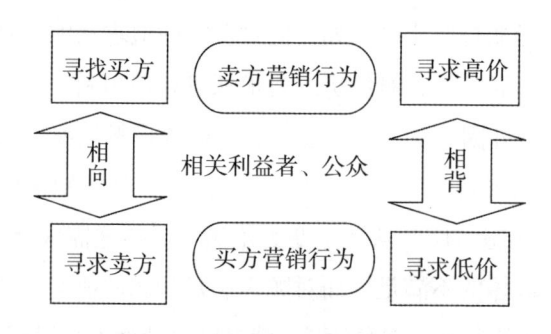

```
寻找买方    卖方营销行为    寻求高价
   ⇅    相关利益者、公众    ⇅
   相向                    相背
寻求卖方    买方营销行为    寻求低价
```

图 2-9 营销行为

狭义地看，营销行为的功能是获得有利于自己的交易条件。

广义地看，由于行为既是一个社会组织的基本构件，也是这个组织的形态的显性表现。因而，它有着更为广泛的意义和功能。组织的稳定、秩序、效率基本上取决于组织成员的行为，同时行为也是组织（或个体）之间理解和互动的基本手段。

根据行为的整体性，营销行为可分为战略营销行为和战术营销行为。

战略营销行为是指对营销主体具有全局性和长期性意义的营销行为。从实际表现看，战略营销行为包括行业协调行为、管道协调行为和用户协调行为。从目标看，主要是实现行业、产业链整体利益的最大化。

战术营销行为是指对营销主体具有局部性和短期性意义的营销行为。从实际表现看，战术营销行为包括产品差异化和促销。

所有营销行为建立的基础都是顾客的行为偏好，包括使用偏好、心理偏好、风险偏好、利益偏好等，也包括营销行为偏好。所以，知晓顾客的行为偏好是建立并实施自己的营销行为的根本。相对于顾客行为这一因素而言，其他诸如环境等都只是约束因素。

四、产品及效用、费用和满足

在行销活动中，如果说需求是本质，产品则是关键，因为需求是通过产品的使用得到满足的。营销者创造的是需求，提供的是产品。所以，对产品的理解是从产品和需求的关系出发的，包括效用、费用和满足。

（一）产品

产品是用于满足需求的一切事物，包括有形实物、无形服务，也可延伸到信息、体验、观念等内容上，更可能是上述内容的组合。需求通过对产品的使用得以满足，需求是产品存在的本质所在。但需求和产品之间并非是一一对应的关系，一种需求可以通过多种产品的使用得到实现，另一种产品也可以满足多种需求。如自行车、出租车、家庭轿车都用以满足人们的代步需求。但就豪华轿车而言，既是一种交通工具，又是身份、地位的象征。

在现实生活中，需求一词最常见的表现就是对某种具体产品的需求，企业也往往将注意力投向他们所提供的具体产品上，而非产品所满足的需求上，认为自己是在销售一个产品。而非在提供一个需求解决方案，从而容易患上产品观中所提及的"营销近视症"。特别是科技的高速发展导致产品更新速度明显加快时，企业一定要改变以产品为导向的经营发展思路，以需求为导向，致力于为顾客提供更优的需求解决方案。相对而言，需求变化的速度要慢于产品更新的速度，需求尽管也在不断地变化发展，但不是不断地淘汰与更新，而是不断地提升、丰富和多元化。

（二）效用、费用和满足

效用、费用和满足是产品的主要属性。效用是对产品满足需求的程度的评价，如作为交通工具，轿车比自行车更舒适、快捷，因而效用更高。但这种评价许多时候又是因人而异的，如对一些人来说，"网络游戏"比"游戏机"能给人更多的乐趣，另一些人来说，喝茶、打牌、聊天才是最好的娱乐。费用是指顾客为得到和使用产品的所有付出，包括精力、时间和金钱等。满足是指顾客对产品的满意程度，它是效用和费用的综合函数，或者说是和理想产品的接近程度。所谓理想产品是指完全满足需求、绝对安全和费用为零的产品。

五、市场、交换与关系

一切营销活动都是在市场中进行的，市场是营销活动的载体。营销者在市场中推广传播生活方式和需求、推广产品，顾客在市场中寻求能满足自己需求的产品及供应商。营销者与顾客在市场上的这些行为导致双方互相接近，形成交换，并建立某种关系。

（一）市场

市场是指进行商品交换的场所，也指寻求一个特定产品或某类产品的买方的集合。根据买卖双方在交换过程中的地位，市场分为买方市场与卖方市场。买方市场是指一种产品的供应量超出了所有顾客对它的需求量，使顾客（买方）在交换过程中处于主动地位；而卖方市场则指一种产品的供应量小于所有顾客对它的需求量，从而使卖方在交换过程中居于主动地位。

买方市场的形成是市场营销理论和实践产生与发展的基本前提。由于技术进步、社会经济的发展必然导致买方市场的出现，所以卖方无可避免地在交换过程中处于被动、不利的地位。从这个意义上说，市场营销的任务就是创造局部的卖方市场。

在市场营销理论中，市场也指共同拥有一个具体需求，并且愿意和能够以交换来满足此需求的所有潜在与实际购买者的集合。根据购买者的不同特性，市场又可分为消费者市场、产业市场、非营利组织市场等。

（二）交换与关系

交换是指以提供某物作为回报而从他人换回所需之物的行为，关系是交换双方由此而产生的供求联系及互信互利等。通常，交换是短期、间断、可变的，而关系则具有长期性、稳固性、连续性，交换是营销者形成、维系顾客并发展与其之间关系的前提。

据调查发现，吸引一个新顾客的成本要比维持一个老顾客满意的成本高四倍，并且，越来越多的企业意识到，失去一个老顾客不仅是失去一次销售，而是失去了该顾客后续的全部购买。也就是说，企业可能在一次交换中蒙受损失，但却能从长期的顾客关系中获得巨大收益。

市场营销是以市场交换为获得产品的基本方式，探讨如何更有效地实现市场交换，并竭力保持、发展这种交换关系。根据由交换而建立的买卖双方关系的内涵，市场营销可分为交易营销和关系营销。交易营销是一种仅与交换有关的市场营销，买卖双方的关系由一次交换而发生，随本次交换结束而终止。关系营销是指企业、顾客、分销商、供应商等相关利益各方（组织或个人）建立、保持并加强相互之间的联系，通过互利交换及共同履行诺言，使有关各方更方便地实现自己的利益，达到双赢、持续交换的一种市场营销。关系营销既是一种营销方法，也是一种营销观念。交易营销和关系营销的区别如表2-3所示。

表2-3 交易营销与关系营销的区别

交易营销	关系营销
关注一次性交换	关注保持顾客
较少强调顾客服务	高度重视顾客服务
有限的顾客承诺	高度的顾客承诺
适度的顾客联系	高度的顾客联系
质量是所有部门所关系的	质量是所有部门所关系的

第三节　市场营销的发展

营销的发展是一部从供应不断适应需求、再到创造需求的历史。今天，营销已经渗透到从物质生活、情感生活到精神生活的全部社会生活领域。社会责任、新技术运用、创意和人文关怀是现代营销的精髓。

20世纪的世界因为技术革新而改变，人类从贫困走向富裕、从追求物质走向追求精神，营销也同样在不断发生着变化。

尤其是20世纪80年代以来，随着人类对自然资源开发利用程度地不断提高、贫富差距持续扩大，生态、社会环境都面临严重挑战。进入21世纪，以资讯经济、网络经济和知识经济为特征的新经济引领人类进入瞬息万变的信息社会与个性时代，企业的营销环境由此发生全面而深刻的变化。适应这种形势，营销实践与理论在观念、方法和应用领域等许多方面都发生了质的变化。

营销从理论产生到实践发展，再到成熟至今已经有百年的历史了，这百年也是营销理念持续革新与丰富的百年。营销的特征主要表现在四个方面：

强调社会责任：自然环境恶化、贫富差距扩大已经成为全球经济进一步发展的重大阻碍，营销活动再也不能只是以短期的、个体的盈利为标准，而必须以社会的、整体的利益为出发点。

营销过程的科学化、艺术化：现代营销首先是一门科学，它有严格的、独有的概念和方法，其理论体系和操作体系都已经相当完善，现代技术得到全面应用，营销活动程序化、公式化、定量化。同时，营销仍然保持着相当大的艺术成分，创意是营销成功的灵魂。营销不仅是逻辑思维的结果，也是抽象思维的结果。任何营销问题都具有一定的特殊性，程序化是基础，艺术化是关键。

营销工作的职业化、专业化：随着营销在企业生产经营活动中重要性的日渐上升，企业市场活动从只是单纯的事务性销售逐步演变为专业性的营销活动。营销职能和营销人员逐渐从生产和销售中分离出来，成为一项独立的专业职能，一个独立的行业。

营销重点由物转向人：传统营销将重点放在营销道具、手段、过程和方式上，主要是产品展示的技巧和策略，而现在则转向对顾客心理、需求和行为规律，营销者应有的观念、态度、素质和能力的研究。营销活动的核心由说服转向满足，变高压、硬推为对需求的发掘、引导、认识和迎合，不是展示产品多么精致，而是引导顾客认识自身潜在的需求，主动搜寻、选择相应的产品。

20世纪初市场营销产生于美国，伴随着生产力的发展而不断完善。20世纪50年代，市场营销有了比较成形的理论体系；70年代初，"定位"理论的提出，标志着传统市场营销理论体系的完善；80年代开始关注环境与社会；进入2000年，营销者开始思考如何运用互联网来应对新经济的挑战；截至2010年，价值观驱动的营销3.0也许正掀起新一轮的营销变革。

一、产生背景

20世纪初，工业生产的标准化、专业化和通用化使工业生产效率有了极大地提高，市场交易范围不断扩大，个人可自由支配收入持续增加，人们对市场的态度和自身行为发生了根本性的变化，中间商的产生导致了市场营销实践和思想的产生。

（一）市场规模扩大

20世纪初，由于铁路网的形成，美国国内形成了从西海岸到东海岸，由北向南的统一的大市场，这是一个承载着一亿人口、40%的居民生活在城市的大市场。这样，生产商不再仅仅局限于在当地销售产品，而是为充满各种不确定因素的外地甚至是国外市场服务，顾客也不再仅仅是购买当地生产商生产的产品。买卖双方不再像过去那样相互了解、信任和具有安全感。统一的、规模宏大的市场给大规模生产销售带来了机会，也带来了新的挑战，竞争在美国范围内开展、扩大，竞争对手更加强大。如何与陌生的顾客打交道？如何将产品送到远方？分销、信息、沟通等变得越来越重要。

（二）买方市场初步形成

科学技术快速发展，标准化应用，专业化推广，自动化和机械化发展，食品储存方法的革新，分工的日益深化，农业社会转向工业社会，家庭作坊式生产转向工厂生产，公司制的建立和完善，导致了大规模生产的产生，进而产量得到了很大程度地提升，新产品也随之萌芽，供过于求，人们有了更多地选择，消费行为呈现多样化，卖方市场开始向买方市场转化。卖方面对既充满机会，又充满挑战的市场不知所措，买方面对前所未闻的产品和卖者而感到迷惘，双方都需要一种新的理论对此做出解释并指导现实经营活动。

（三）分销系统独立

随着生产规模和市场的扩大，不管是工业品还是农产品的生产者都越来越难以完全依靠自己的力量在美国市场上销售全部产品，通过专业中间商销售产品的现象日渐增多。1909年，美国有90%的产品是通过专业中间商出售的，中间商增加了，并且相互之间有了分工，有了不同的业态，承担了更多的职能，进而产生了能与第一流的生产商具有同等市场影响力的百货商、邮购商和连锁组织。专业中间商通过专业技术、销售规模和市场控制能力，有效地帮助生产者降低了销售成本，提高了社会再生产的效率和效益。这时，生产者不仅要和顾客打交道，还要和中间商打交道，如何有效地利用中间商成为一项新课题。所以，独立分销系统的产生既是营销产生的标志，也是营销的课题。

二、发展历程

市场营销的发展大体上可分为第二次世界大战前的萌芽、20世纪50年代的急速成长、六七十年代的成熟与80年代以来的丰富及转型等几个主要阶段。

（一）萌芽期

从1900～1945年是市场营销的萌芽时期，在这一时期，市场营销产生和发展的环境逐步形成，促使企业开始重视市场调查、广告、分销活动。专业广告商日渐活跃，百货店、连锁店和邮购店的产生与发展，专业市场调查公司的出现，无不意味着市场营销实践的展开。

1923年美国人A.C.尼尔逊（A. C. Nelson）创建了专业的市场调查公司，市场调查和分析成为企业生产经营活动的前提。1931年，尼尔·麦克尔罗伊（Neil McElroy）建立了宝洁公司的品牌管理体制，这一体制将宝洁公司的多种产品分别建立不同的品牌，各自拥有自主权的品牌经理对一个产品的市场全面负责，各品牌间允许存在有限度的竞争。今天，众多的宝洁产品已经成为消费者可信赖的品牌，宝洁公司成为日用品商品领域的市场领导者，这种品牌管理模式所起到的作用不言而喻。因此，如花王、联合利华、杜邦等世界范围内的不同级别的公司都开始实行这种模式，只是实行的程度不同罢了。

与此同时，市场营销理论上的研究也得到了发展，美国一些大学开设了有关分销的课程，并逐步演变至最终采用了"营销"这一名称。这表明理论上已经把分销活动从生产活动中分离出来，单独地加以考察，研究的范围也从单纯的中间商组织和管理，扩展到广告、行为、价格及其他相关问题，制造创造使用价值，而市场营销创造时间和空间价值，市场营销的雏形已经初步形成。

这一阶段的市场营销理论大多以生产观或产品观为导向，这和当时存在大量的潜在需求密不可分。研究重点是市场营销的职能，为达到使产品从生产者手中顺利地转移到使用者手中，营销必须完成集中、存储、融资、风险承担、标准化、销售和运输等功能。这些功能可以概括为三类：交换功能——销售（创造需求）和收集（对同类产品进行购买和汇总）；物流——运输和存储产品；支持——融资，对风险进行承担，信息交流（广告）和标准化。从对职能的归纳可以看出，人们已经不再把营销仅仅看作是一种单纯的销售（交易）活动。

（二）成长期

第二次世界大战后，战时膨胀起来的战争生产力向生活领域急速释放，资本主义世界的经济获得了高速发展，产品供应急剧扩大，对大多数传统产品的需求得到有效满足，市场竞争日趋激烈，买方市场逐渐形成。在这种情况下，市场营销逐步走向成熟，开始研究如何为市场分配资源，如何对个体的收入和支出产生影响，如何做能够对大众需求和购买行为产生影响等。许多重要的营销原理和实践都是在这一阶段提出的。

自工业革命以来，企业一直依靠集约化和规模化生产来提高产量，投入较少费用，进行降低产品的定价，使消费者的潜在需求转变为现实需求。然而，第二次世界大战过后，带来的是生产力的极速扩张，大众不会面临资源缺少的难题，并且也不会特别注重价格。尤其是到了20世纪50年代中期，在战争后出生的新一代也开始进行消费，他们将产品的关注度转移到了个性化、定制化和差别化方面。针对这种情况，1956年温德尔·史密斯（Wendell Smith）提出了"市场细分"的概念和方法。也是从这一刻开始，营销展开了对消费群体的研究，并从未中止。

20世纪50年代中后期，美国通用电气公司的约翰·麦克金特立克（John Mckintrick）提出了"市场营销观（顾客观）"，在他的观点下，企业应该以消费者的需求为出发点，并提供与之相关的产品和服务，满足消费者的需求，这样，企业的发展才能更长久。企业经营的重点从"以产定销"转向"以销定产"，实现了企业经营观念的转变。

20世纪60年代，就职于美国密歇根大学的罗姆·麦卡锡（Jerome McCarthy）教授首次提出了4P营销理论，这让营销在操作模式上更标准化，营销了也事项了从艺术到科学的转变。4P营销理论也一跃成为市场营销的专有代名词。

（三）成熟期

到了20世纪60年代中期，市场营销逐渐从经济学中独立出来，又吸收了管理学、行为科学、心理学和社会学等学科的相关理论，进一步趋向完善。乔治·道宁（George S. Downing）在《基础市场营销：系统研究法》一书中提出，市场营销通过定价、促销、分销活动，并通过各种管道把产品和服务供应给现实顾客和潜在顾客。菲利普·科特勒作为当代最有影响的市场营销学者，他全面发展了市场营销管理理论，他把市场营销看作是为实现组织目标而进行的分析、设计、执行和控制过程，并且指出，市场营销理论不仅适用于营利性组织，也适用于非营利性组织。

1972年美国两位广告经理艾·里斯（Iris）和杰克·特劳特（Jack Trout）提出了定位理论（Positioning），强调随着竞争激烈化，产品同质化日益严重，而消费者需求却更多的呈现个性化的趋势，市场营销需要创造心理差异、个性差异，使自己的产品区别于竞争者的产品，在消费者心目中占据一个有利位置。

在里斯和特劳特的观点下，消费者对于每一个产品在心中都会一个定位，众所周知，世界上最权威的汽车租赁公司是赫兹；波斯克公司在跑车中的地位更是不言而喻；可口可乐在软饮料行业中也是处于翘楚。这些品牌都在相应的领域拥有霸主地位，其他竞争者面临的压力可想而知。

（四）转型期

到了20世纪80年代，严重的生态恶化和南北差距，生态问题和社会问题对传统营销提出了新的挑战。企业对他们的传统营销活动进行了反思，并且认识到企业营销应该承担一定的社会责任。基于此，社会观和道德观产生了，也叫作生态观。这些概念要求企业不仅要在销售时要对消费者需求和公司目标加以考虑，还要考量消费者和社会的整体利益和长远利益。

而随着互联网在20世纪90年代后逐渐进入公众生活，它正在慢慢颠覆传统的信息传播方式，创造新的社会经济活动空间。顾客、公众不再仅仅是被动的信息接受者，他们越来越多地主动发声。自媒体、自传播以自己的方式消除信息不对称，企业越来越不能靠花言巧语来获取信任。互联网调研、互联网管道、互联网传播、电子商务都正在改变传统的市场营销理论和实践。

三、核心知识的进化

AMA（美国管理协会）定义基本以20年左右的时间间隔来对市场营销定义进行修订，以此反映营销学科的发展与核心知识的进化。表2-4以10年为跨度表明了营销核心知识的进化。受篇幅所限，下面选取部分影响较大的内容进行简单描述。

表 2-4　营销核心知识的进化

第二次世界大战后的 20 世纪 50 年代	腾飞的 20 世纪 60 年代	动荡的 20 世纪 70 年代
产品生命周期 品牌形象 市场细分 营销观念 营销审核	4P 理念 营销近视症 生活方式 营销概念拓宽	社会营销 定位 战略营销 社会性营销 服务行销
迷茫的 20 世纪 80 年代	一对一的 20 世纪 90 年代	利润导向的 21 世纪初期
内部营销 全球营销 本地营销 关系营销 大市场营销	4C 理念 体验营销 网络营销 赞助营销	4R 理论 顾客资产营销 价值观驱动营销

（一）4P、4C 与 4R

20 世纪 60 年代，美国密歇根大学的罗姆·麦卡锡（Jerome McCarthy）教授首次提出了 4P 营销理论，即产品（product）、价格（price）、渠道（place）和促销（promotion）。20 世纪 80 年代，菲利普·科特勒针对世界经济的区域化与全球化所形成的无国界竞争趋势，提出"大市场营销"观念，在此基础上，添加了权力（power）与公共关系（publication），进而形成 6P，这一观念强调公司需要协调经济，心理，政治和公共关系在行销策略中的使用，以获得特定市场的管道，赢得当地的市场，进而达成营销的目标。在此之后，营销理论也在被不断地进行扩充和添加，但是不管如何添加，围绕的核心是不变的，都是从企业角度理解满足客户需求的可行性，强调公司在有限的能力下有针对性的迎合客户的需求。

20 世纪 90 年代，美国学者罗伯特·劳特朋（Robert F.Lauterborn）提出了与传统营销的 4P 相对应的 4C 营销理论。该理论提出营销需要的理念是"请注意顾客"，而不是传统意义上的"顾客请注意"。注重产品要满足消费者需求的重要性，所以，要对消费者的需求和欲望（consumer wants and needs）展开有效研究，要研制和售卖消费者需要的产品而不是售卖所能生产出来的产品；价格策略不应该是企业赚取收益的工具，而是降低顾客为满足其需求所必须付出的成本（cost）的工具；管道是方便（convenience）消费者购买，并不是对市场的掌控；沟通（communication）是让消费者对产品信息更加了解，进行合理选取，并不是强迫消费者购买对他们来说毫无用处的产品，所以，简称为 4C。

艾略特·艾登伯格（Elliott Ettenberg）在 2001 年的时候推出了 4R 理论，即关联（Relevance）、反应（Reaction）、关系（Relationship）、报酬（Reward），在他的观点下，企业需要以更高效的方式在公司和消费者之间建立不同于传统意义的全新互动关系，这样才能实现企业与消费者之间的双赢局面。

第一，企业必须通过一定的有效途径、方式与客户形成互相需求，互助互动的关系（relevance）。

第二，对消费者的希望、愿景和要求认真倾听，并以最快的速度给予回应（reaction）。

第三，与客户形成长期稳定的关系，将交易转化为责任，与客户建立互动的关系（relationship）。

第四，既要迎合用户的需求，为消费者创造价值；又要为公司、员工赚取价值，产生企业和消费者在行销活动中的回报（reward）。

营销理论从一开始的4P到4C再到4R，每一次的进步和演变都是营销对企业、消费者的基本观念的转变。4P主要把营销作为企业盈利的手段，战略体系的核心也是以公司盈利为主，通过迎合消费者的需求来促进企业利润的实现。4C理论主要以消费者层面看待问题，它的策略体系是专注于如何有效地满足消费者需求。企业利润排在第二位。4R注重企业与消费者之间的互动与共赢，互动是手段，双赢是目标。

需要强调的是，即使在4C、4R理念已经获得营销者广泛认同的今天，4P仍是每个营销者工具箱中的必有装备。只不过，营销者需要在4C、4R与4P之间寻求契合点：以4C、4R思考，以4P行动，即强调先审视顾客需求，和顾客建立关系，再从自身的能力出发，采取有效的策略，比竞争者更好地满足顾客需求，实现共赢。

（二）战略营销

不同学者对战略营销有着不同的理解。有学者认为营销不仅是达到企业经营目标的战术性策略的组合，其本身也是一种战略，是企业战略的重要组成部分。该观念的核心是认为企业要把营销放到战略高度，而不仅仅是实现企业战略的手段。也有学者认为营销本身既包含战术性内容，也包含战略性内容，战略营销就是指营销的战略性内容，即通过市场细分确定目标市场和品牌定位，而传统的4P只是实现营销战略的战术性策略。战略营销强调在传统的4P基础上再加上4P（市场调查、市场细分、目标市场、产品定位），形成一个全方位的营销策略体系。这是一种有益的观点，是对营销的准确把握，有助于避免把营销和4P，甚至是促销、推销概念混为一谈。

不管如何理解战略营销的含义，本质上都是提倡从战略的视角认识营销，也就是从整体上认识营销，营销行为必须符合战略。一是营销战略要服从企业战略，目标市场的选择和品牌定位的确立除了要考虑顾客、竞争的因素，还要考虑企业自身资源的优势，目标市场和品牌定位既是营销战略的核心，也是企业战略的核心。二是营销首先是确立营销战略，然后才是确立为达到营销战略而必须采取的营销策略。

（三）网络营销

现实生活中，网络不仅仅局限于计算机网路，还包括移动网络、宽带有线电视网等，网络不仅仅是一种工具、一个平台，更是一种环境。近20年来，没有什么比网络对我们的生活影响更大的。网络对企业营销活动的改变主要体现在以下几个方面。

竞争环境的改变：网络打破了时空限制，使得企业面临一个真正意义上的全天候的全球市场，竞争对手来自全球范围，竞争环境更加复杂多变。

顾客主权的改变：网络普及以及自媒体的发展，顾客开始摆脱传统营销体系。一方面，以团购、互相交换为代表的协同消费（collaborative consumption）开始盛行；另一方面，顾客开始参与到企业研发、生产、运营、物流、营销等各个环节。

对企业交易方式的改变：网络的交互性使得网络直销成为一对一营销，企业可以不需要中间商就能完成，甚至不需要以传统的货币为媒介进行交易。

（四）价值观驱动营销

2010年，美国学者菲利普·科特勒（Philip Kotler）在与印度尼西亚学者何麻温·卡塔加雅（hermaean Kanajaya）、伊万·塞蒂亚万（Iwan Setiawan）合著的《营销革命3.0》中指出市场趋势正在呼唤价值观驱动营销。价值观驱动营销主要由合作营销、文化营销和人文精神营销三大部分构成，分别对应参与化、全球化和创造型社会三大时代背景，价值观驱动营销模型如图2-10所示。

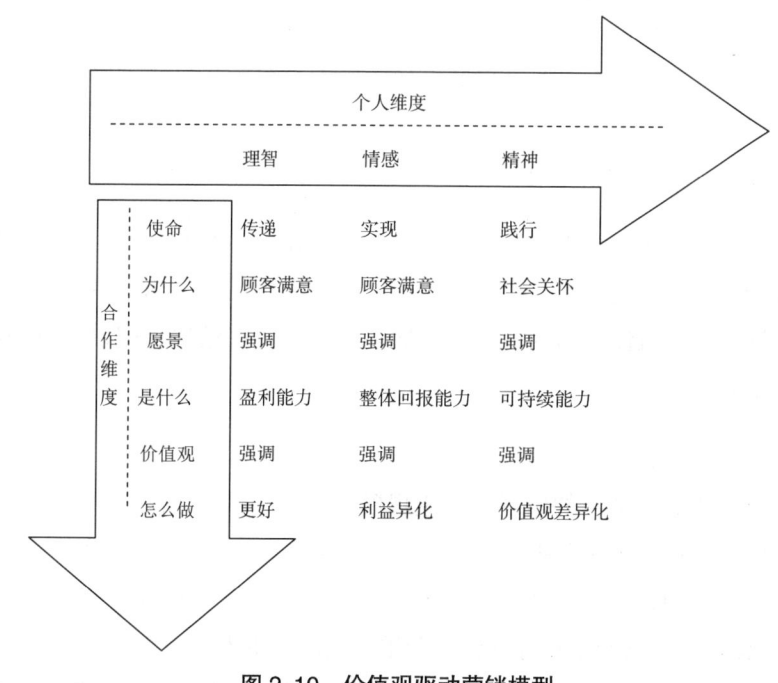

	理智	情感	精神
使命	传递	实现	践行
为什么	顾客满意	顾客满意	社会关怀
愿景	强调	强调	强调
是什么	盈利能力	整体回报能力	可持续能力
价值观	强调	强调	强调
怎么做	更好	利益异化	价值观差异化

个人维度；合作维度

图2-10 价值观驱动营销模型

合作营销注重企业与消费者之间的互联互通，吸引消费者积极参与到产品的研发，例如，公司创意广告的征集活动。经济全球化与民族主义精神的激烈碰撞时文化营销产生，企业借助营销活动为顾客提供生活上的持续感、沟通感与方向感，从而减轻其因价值观矛盾等产生的巨大精神压力；精神营销是在人类社会发展的更高层次上，通过营销以"人生的意义、快乐和精神"为核心的人文精神，为顾客提供意义感。

四、组织演变

随着市场营销理论和实践的发展,营销组织也在不断演变和丰富。营销组织是指企业内部涉及营销活动的部门(职能)及其结构。

社会宏观环境、企业经营思想、企业当前处于哪一发展时期、企业的经营业务等都会对营销部门的组织形式产生影响,单一的营销部门、兼有营销职能的销售部门、独立的营销部门和涵盖销售职能的营销部门演变的四个阶段,如图2-11所示。

(一)单纯的销售部门

在以生产观念为指导思想的时期,企业只有财务、生产、人事和销售等几个简单的职能部门。销售由主管销售的副总经理领导,该副总经理既负责管理销售队伍,也直接从事某些销售活动。如果企业需要进行市场营销调研或做广告宣传,这些工作也由副总经理负责处理,其组织结构图如图2-11a所示。在这一阶段,营销部门的主要工作任务就是对生产部门所加工出来的商品进行售卖,生产部门加工什么产品就卖什么产品,加工出来多少就卖多少。生产部门全权负责产品的加工和库存管理等工作,在这一阶段,销售部门不具备发言权。其实销售部门也不需要这种发言权,因为只要产品合格、价格适当,需求和销售是没有问题的。

(二)兼有营销职能的销售部门

随着生产率地逐步提高,供需关系总体上走向平衡,企业由生产观念向推销观念转变,这就要求进行经常性的市场研究、产品推广以及大型促销活动。当这些任务的工作量达到一定数量时,这些工作就慢慢演变成专门的职能,企业将在销售部门设立营销经理负责这项工作,如图2-11b所示。

(三)独立的营销部门

伴随着供给大于需求情况的出现,企业规模、业务领域地不断拓展,市场分析、产品研发、推广宣传等这些以前视作从属性的工作的重要性日益凸显。重要性甚至超过了销售,这使得企业认识到必须设立一个独立于销售部门的、专门从事市场研究和市场推广的营销部门,如图2-11c所示。营销副总经理作为营销部门的负责人同销售副总经理一起由总经理进行管理,产品销售部和市场营销部也成了彼此平行且相互协同的部门,各自向总经理报告。

(四)涵盖销售职能的营销部门

销售副总经理与营销副总经理的工作只有保持一致、配合默契和互相协调才能使企业的经营状况保持良好。既然顾客是企业工作的中心,市场调研、新产品开发等营销活动就成为企业所有其他活动的前提,更是销售活动的前提。于是,企业的营销组织演变为图2-11d所示的形态。

a) 单纯的销售部门　　　　　b) 兼有营销职能的销售部门

c) 独立的营销部门　　　　　d) 涵盖销售职能的营销部门

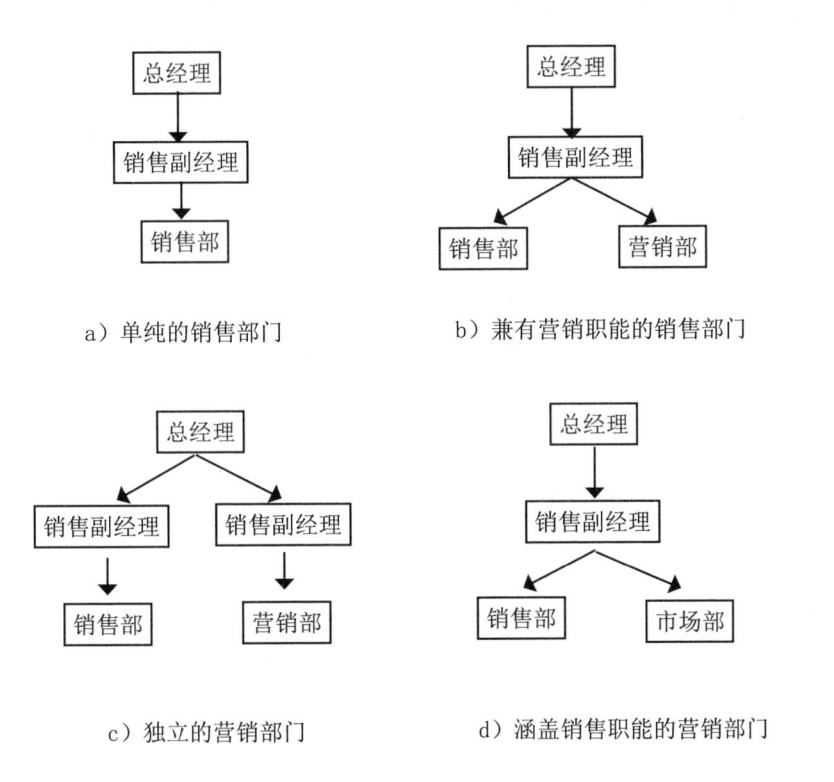

图 2-11　企业营销组织的演变

以上只是企业营销组织的一般演变情况。到目前为止，这种演变并没有停止，仍然在不断发展之中。其次，大规模、多业务、跨国经营的企业实际营销组织要复杂得多。

五、领域拓展

营销随市场区域的扩展和产品种类的丰富而产生和发展。当个人的活动范围不再局限于从小生长的村落，当组织不再局限于家族及其（小）规模，人们的社会生活、在组织内的合作和发展也面临着如市场区域扩大所产生的不确定性。当人们不再仅仅满足于物质产品的拥有时，更为多样化的精神产品及其生产者（包括营利性和非营利性组织）更需要借助营销的思想和方法来寻求支持者和追寻者。营销在应用领域方面的拓展可以概括为从组织拓展到个人，从组织间拓展到组织内，由物质产品拓展至非物质产品，由营利性产品拓展至非营利性产品，由营利性组织拓展至非营利性组织。

（一）个人营销

如今，每一个人的活动范围都在大规模地扩展，一生可能要经历多个组织（工作）。在多个不同的社区，甚至是不同的国家生活，拥有多个社交群体，迅速融入组织和社区，形成能够愉快相处的社交群体是一个人事业发展、生活幸福的前提。所以个人必须向组织、社区和群体适当地展示自己，以求获得相互认可。

从创造需求的角度看,人力资源对任何一个现代社会组织都是最重要的,甚至是唯一的资产,但不同的行业有不同的人力资产结构。发现组织中的人力资产结构失衡阶梯,即目前各个层级的人力资源瓶颈,是个人在组织中获得良好发展的必要条件。

从提供产品的角度看,人力资源失衡阶梯是个人职业发展的通道,但一个人能够顺着这个通道逐步发展,就应当具备弥补失衡或消除瓶颈所必需的各方面的基本素质和才能。一般而言,基本素质是质量、文化素养和团队意识,个人才能是岗位所要求的知识和技能,基本素质与岗位性质、任务关联度较弱,岗位知识和技能则与岗位性质、任务强相关。通过学习和实践,培养基本素质,掌握相关知识和技能是一个人力资源的生产过程,如图2-12所示。

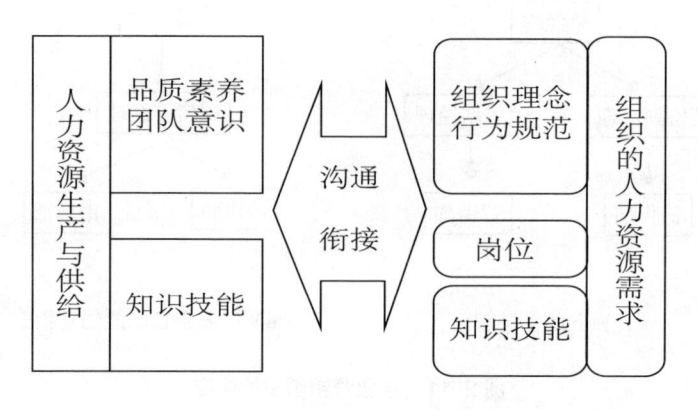

图 2-12 组织与个人间的营销

在一个组织中,大多数岗位所要求的基本素质和才能具有一定的隐蔽性和不确定性,需要长时间的实践观察和磨合才能最终确认。由于人具有自适应性,通过不断的学习、磨合和经验积累,一个人对岗位可以从不胜任到胜任。因此,有意识地运用营销理论和方法向组织展示个人的素质和才能是加快个人职业发展的有效途径。

(二)组织内行销

营销思想和方法在组织内的拓展应用包括两个方面:一是组织内各部门之间的相互认同和协作,二是员工对组织的认同。

组织内各部门都有自己特定的工作目标和业务流程,只有当这些目标都符合组织的总体目标,围绕为顾客创造价值而展开时,各部门的目标才是有意义的,只有当各部门的业务流程协调一致时,组织整体和各部门的工作才可能是高效率的,这就要求组织各部门之间要加强沟通、相互理解,一方面主动去理解其他部门的目标和流程,另一方面主动向其他部门阐述自己的目标和流程。

正如个人要积极主动地融入组织,组织也应当创造条件使员工更易更好地融入其中。为此,组织必须采取各种措施、运用多种手段向员工传递组织的基本理念、行为规范,使之成为员工的基本信念和自觉行为。

不管是部门之间的相互认同和协作，还是向员工传递组织的基本理念和行为规范，都是以组织文化为基础的。组织文化建设是一个文化理念的提炼和传播的过程，这一过程和组织品牌建设过程异曲同工，由于组织品牌也是组织文化的集中反映，这两个过程又是互相交融的。其实，不论是组织文化还是组织品牌，组织内的认同和组织外的认同都具有同等重要性。

（三）观念营销

长期以来，人们主要追求物质的满足和生理的享受，营销由有形产品和服务产品的市场推广需要而产生，也主要运用于这些领域。随着社会经济的发展，生活水平地提高，人们的精神需求日趋增多，精神产品日益丰富，营销的运用随之向人们的精神生活领域延伸。

精神产品主要有两类：一是（思想）观念产品，如人与自然和谐相处、共同富裕、小康社会等；二是心态产品，如竞争和对抗、紧张或放松等。观念产品一般不需要物质产品或服务产品为载体，而心态产品一般需要附着于一种物质产品或服务产品，如体育赛事所体现传达的是竞争和对抗，演唱会、酒吧所呈现与表达的是心境，人们一般是通过融于其中来感受和改变自己的精神状态（心态）。

精神产品最典型的特征是完全差异化，几乎没有两个完全一样的精神产品，即使是同一词语表达的观念产品，其具体阐述也会千差万别，如没有人会反对人与自然和谐共处，但在具体操作上，先发展经济后治理环境，还是在不破坏环境的前提下发展经济却一直备受争议。而体育赛事、演唱会等，更是不会有完全相同的情况，即使同一支队伍，都可能产生不一样的结果，更不用说比赛过程了。

精神产品的另一特征是低物质消耗，且不说观念产品本身由于不需要附着物质产品，仅仅需要少量的物质为载体。而且，一个好的观念还有助于人们建立正确的资源观，从而起到节约资源的作用。心态产品直接带给人们身心愉悦的感受，帮助人们提高幸福感，虽然需要借助一些场地、设施，但资源消耗相对来说一般很少。

需要强调的是，观念产品营销有两个特征：一是非营利性，因而营销者一般是政府或各类非营利性组织；二是面临两个顾客群体，即赞助者群体和观念受众。

观念产品营销的本质是观念倡导者希望观念反对者或观望者接受自己的观念。通常，观念反对者不会为观念倡导者买单，观念产品因此不会为观念倡导者带来直接的经济利益。尽管观念的营销者一般是政府或非营利性组织，但基于对社会责任的认识和品牌、形象建设本身的需要，越来越多的营利性组织也以赞助、捐献、公益广告等方式参与到与自己相关的产品营销中。

既然观念产品不能为营销者（非营利性组织）带来直接的经济利益，营销者就必须采用其他方式获得观念营销所必需的资金或资源，这是一个获取资源的营销过程，所以观念营销面临两个顾客群体，既要运用营销方法使观望者或反对者接受倡导的观念，成为所倡导的观念的支持者，还要运用营销的方法从支持者那里获得开展活动所需要的资源，如图2-13所示。

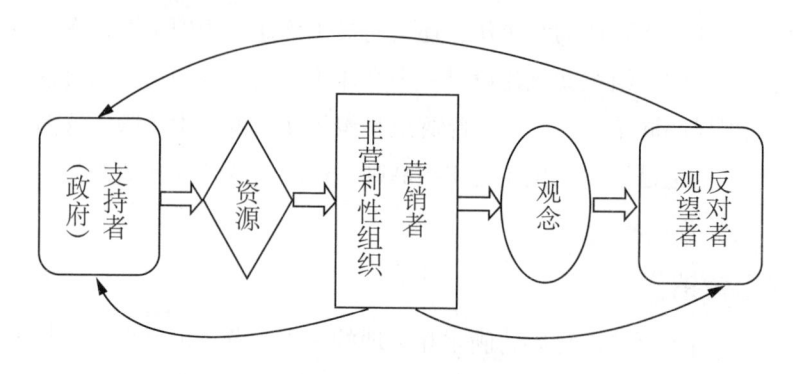

图 2-13 观念营销

（四）非营利性组织营销

非营利性组织是不以营利为目的，开展各种志愿性、公益性活动的非政府组织，如各种民间协会、公益性基金会、民办非营利性教育、医疗、养老机构等，具有组织性、志愿性、民间性、非营利性等特征。

非营利性组织的发展主要源于政府和市场失灵。从履行使命的方法看，政府的特点是强制性，即可以运用国家强制推行政策；市场的特点则是非强制性，交易双方以自愿交易为基本准则实现各自的（营利）意图；而非营利性组织是基于志愿的原则，是成员不以获取某种利益为前提的、一般是服务于某项公益性活动。

我国目前存在大量各种类型的非营利性组织，在发展中存在诸多问题，特别是慈善组织近年来不断爆出丑闻，除了管理不足，还在于非营利性组织不能运用营销理论和技术。非营利性组织营销有如下特点。

（1）公众多样化。非营利性组织及其目标不仅要获得顾客、捐助者的认可，还要获得志愿者及其他社会公众的认可。

（2）监督公众化。非营利性组织的活动，资金支出必须接受公众监督。

（3）利益多元化。利益相关者从中获取各自的利益，如顾客的社会责任和义务，捐助者的形象和声誉提升，志愿者的成就体验。

（4）良好的公共关系和组织形象。良好的公众关系和公众形象是非营利性组织生存和发展的基本条件。因而非营利性组织必须善于通过事件、演讲、主题活动、公益活动、出版物、公益广告等宣传组织目标和形象，提升组织的知名度和信誉度。

六、方法创新

随着科学技术的发展，催生出许多新的营销工具、手段与关系；另外，为适应现代社会的要求，越来越多的科学分析方法、工具与手段正逐步引入营销的各个环节，营销在保持其艺术性的同时，科学性也得到了长足发展。

（一）沟通工具

沟通工具的创新集中体现在互联网和动画技术，而互联网沟通区别于传统沟通的特点又集中体现在社会化媒体。社会化媒体的崛起使营销沟通发生了颠覆性的改变，这不仅体现在由自媒体带来的表现力上，更体现为单向传递转变为双向互动，由延时反馈转变为实时对话。现代动画技术则使营销获得了前所未有的展示能力。

1. 社会化媒体

从 Facebook 与 Twitter 诞生的那一刻起，社会化媒体（Social Media）便注定要改变信息传播的方式。社会化媒体使得沟通速度更快、黏性更强、规模更大，沟通的双向性、互动性得到完美演绎。表 2-4 是目前我国社会化媒体格局的基本概况。

表 2-4　我国社会化媒体格局的基本概况

类型	名称
微博	新浪微博、腾讯微博、网易微博、搜狐微博
实时通信	QQ、微博、百度 Hi、UC、微信
RSS 订阅	鲜果、抓虾
消费点评	饭统网、大众点评、口碑网
百科	百度百科、SOSO 百科、MBAlib
问答	百度知道、新浪爱问、知乎
社会化书签	QQ 书签、抽屉、新浪 VIVI 收藏夹
音乐、图片分享	酷狗、QQ 音乐、虾米、一听音乐
社交网络	开心网、豆瓣、白社会、QQ 空间、微信朋友圈
商务社交网络	天际网、若邻网
社会化电子商务	拉手、美团、聚划算、糯米
社交游戏	腾讯游戏、淘米网、五分钟
签到/位置服务	街旁、切客
博客	腾讯、新浪博客
视频分享	PPTV、爱奇艺、腾讯视频
论坛	天涯社区、搜狐社区、帖易

作为一种给用户带来极大参与空间的在线媒体，社会化媒体具有以下特点。

参与：社会化媒体可以激发感兴趣的用户主动创造、贡献和反馈信息，模糊了媒体和受众之间的界限，"用户创造内容"与"用户本身就是媒体"成为社会化媒体的两个基本关键字。任何一个用户都有可能成为社会化媒体上的内容发布者与信息传递者，只要他愿意。

公开：大部分社会化媒体都可以免费参与其中，鼓励用户评论、反馈和分享信息，参与和利用社会化媒体中的内容几乎是没有任何障碍的。

交流：传统的媒体采取的是"播出"的形式，内容由媒体向用户传播，单向流动。而社会化媒体的内容在媒体和用户之间是多向传播，形成交流。

社区：在社会化媒体中，用户可以很快地形成社区，只要是感兴趣的内容都可以成为一个共同话题而被充分交流。

连通：大部分的社会化媒体都可以通过链接将多种媒体融合到一起。

社会化媒体对企业营销的影响主要体现在以下四个方面。

第一，有助于企业建立品牌口碑与品牌价值。借助社会化媒体，企业可以通过积极的内容策略与社区管理，鼓励品牌支持者进行主动、正面的口碑传播。

第二，通过为顾客创造更多的价值形成顾客忠诚。企业可以通过社会化媒体，主动聆听顾客的需求、体验反馈、投诉，第一时间针对不足进行补救，为顾客创造更多的价值，从而培养忠诚的顾客群体，提高销量。

第三，提高运营效率。社会化媒体为新产品的研发、生产、上市提供了测试的机会，缩短了从研发到销售的时间。

第四，营造企业文化与提升员工士气。社会化媒体也是企业内部营销的有力工具，可以充分获悉内部员工的需求、情绪，通过有效反馈与改进，能够提升员工的忠诚度与归属感，营造良好的企业文化与氛围；另一方面，通过对内部员工的社会化媒体培训，可以使员工成为企业在社会化网络上的倡导者。

基于社会化媒体的特性以及社会化媒体给企业带来的商业影响，通过社会化媒体影响顾客，进行营销已经成为一种趋势，社会化媒体营销也呈现出有别于传统营销的特点。

连续性传统营销活动总是具有一定的间歇性，但社会化媒体营销则是连续的，企业可以全年无休地关注社会化媒体的信息，保持与顾客互动，实时监测、分析、总结与管理。

自传播一个信息一旦备受众高度认可，它就有可能被"刷屏"——自动急剧扩张性传播全媒体社会化媒体是基于互联网的全媒体沟通平台，企业可以通过文字、图片、视频、游戏等多种形式展示信息内容，以使信息更具吸引力。

管理细化企业在进行社会化媒体营销过程中，需要根据市场与顾客的实时反馈进行营销目标的调整，这就要求营销管理更加细化。

2. 动漫技术

动漫技术可以说是现代技术最令人激动的应用之一。集声光电技术于一身，从 2D 走向 3D，以前所未有的视觉、听觉冲击力全景展示对象，丰富的表现力可以极致地展现人类所有的幻想。动漫也不再只是儿童的专利，而是受到青少年与成年人的追捧；应用领域也不再只是娱乐，而是科学普及、产品展示、教学演绎、情景营造等众多场合。在被称之为视觉盛宴的 2008 年北京奥运会开幕式上，动漫技术功不可没。

（二）新型关系

不管是企业与终端顾客的关系，还是与供应商、中间商的关系都一直在不断地发展和创新，从过去单纯的、偶然的交易关系朝着由不同纽带联结起来的、相对稳定的合作共赢关系转变，众多新型关系形式不断出现，传统关系也不断得到深化发展。

嵌入营销：嵌入营销是指企业通过营销合作，使顾客在消费某一企业产品的同时，获得另一企业的相关信息，也称嵌入合作。嵌入可以是单向的，也可以是相互的，嵌入的内容可以是信息、产品、技术、工艺等。嵌入式广告（product placement，也称植入式广告）是顾客最常接触的一种嵌入合作，常依托于影视作品、网络游戏等载体。而互相赠送合作商家的优惠券是另一种更常见的嵌入合作。

直效营销：直效营销（direct marketing）有多种解释，其中最关键的有两点：一是直接销售，即产品生产者将产品不经过任何中间商销售给使用者；二是指那些直接指向并送达目标顾客的营销行动或策略，因而营销效果是可直接衡量和直接可见的。从"营销本身并不是直接的销售行为"来理解，直效营销主要是指后者，如优惠券、人员推销、积分、会员制等。相对于非直效营销行为，直效营销更有针对性，是一种精准营销。

会员制、回报计划：针对消费者数量大、分散、购买管道转换成本低的特点，零售商纷纷推出各类回报计划、会员制等措施以提高消费者的重复购买，进而达到顾客忠诚的目的。不管是回报计划还是会员制，其核心都是积分，在积分的基础上给予顾客某种回报，回报可以是经济的，如优惠购买、积分折现等，也可以是非经济的，如会员活动、抽奖等。

定制营销：定制营销是指企业按特定顾客的具体要求设计、生产和销售个性化的产品。在现实生活中，企业的定制只是发生在装配环节，即企业大批量生产出可任意组合的、标准化的零部件，按顾客要求组合形成千姿百态的最终产品。这种定制方式是多样化、单品种需求和大批量生产的有机结合，既实现了单位产品的低成本，又能很好满足顾客多样化的要求。在计算机、汽车、电子等领域都已经获得一定程度的实现。

借势营销：借势营销是指借用已有的悠久传统文化、知名事件或新的市场时尚，构造自己的优势，达到超越竞争对手的目的。通常，培育市场时尚成本高、困难大，而借助已有的知名度或时尚则可跨越市场培育这一环节。变形金刚玩具、恐龙玩具无不是借助卡通片的热播而展开营销销售。

连锁经营：连锁经营是指众多小规模的、分散的、经营同类商品和服务的零售店，使用统一的品牌，在总部的组织领导下，采取共同的经营方针、一致的营销行动，实行集中采购和分散销售的有机结合，以求规模经济的联合体。连锁经营有直营连锁、特许连锁和自由连锁三种形式。直营连锁是指公司总部直接投资开设零售店，特许连锁是指在特许公司的辅导下创设零售店，自由连锁是指已有的零售店申请加入连锁体系。事实上，一个连锁体系往往是这三种连锁形式的混合体。

特许经营：特许经营是指特许人授予受许人权利，并附加义务，以便根据特许人的概念、方法或模式进行经营。对于受许人来说，这是一种合法利用他人品牌优势为自己所用的经营方式；而从特许人的角度来讲，允许潜在受许人（竞争者）借助自己的优势，在一定程度上可以削弱其他受许人揩油搭车的倾向，这也有利于特许人自身获得更快、更广泛地发展。

（三）分析技术

自从市场营销脱离经济学成为一门独立的学科后，营销研究不断从心理学、统计学、社会学、计量经济学、决策科学等外部领域吸收并发展定量分析与行为分析的方法、技术，有力推动了市场营销的理论研究与实践发展。

心理学方法：顾客动机、认知、情感、行为等人类心理活动是营销最重要的理论和实践基础，不管是需求的创造还是传递都必须基于对顾客心理的深刻理解，市场营销过程需要运用大量心理学方法并借助相关心理学研究成果。

实验（测试）方法：现代自然科学的发展史可以说是一部实验发展史，一个理论从假设到定律必须得到实验的证实，实验是现代自然科学发展的基石。借鉴自然科学的经验，实验方法在行销中也得到了越来越广泛的应用。概念测试意在试探顾客对一种新生活方式的反应；产品测试则用于检验顾客对产品满足需求程度的认知；传播方案测试的目的在于发现需求和产品从小规模推广到大规模推广可能产生的问题并以此为依据对营销方案做出相应的调整；投放测试是观察顾客在实际使用产品后的态度。事实上，每种测试都有许多具体的方法，企业须根据具体情景选择使用。

定量分析方法：定量分析方法是指运用现代数学方法对有关的数据资料进行加工处理，建立能够反映有关变量之间规律性联系的各类模型的方法。在行销中得到广泛应用的定量方法有很多，如用于市场细分以发现具有某种新的行为特征的顾客群的聚类分析、交互检测法，用于了解和预测市场环境变化的趋势推断法和成长曲线法、回归法、类比法，用于确定一种产品的各个属性（利益）相对重要性的联合分析法、认知图法、利益结构图法等。表2-5简要归纳了部分营销研究中的定量分析与行为分析的方法及工具。

表 2-5 营销研究中定量分析与行为分析的方法及工具

定量分析	行为分析方法
因果模型 贝叶斯分析 信度和效度检验 回应函数 假设形成、推论和显著性检验 边际分析和线性规划 多维标度和态度测量 经济计量 时间序列分析 权衡分析和联合分析 方差分析 多元因变量法 多元自变量法	问卷调查 焦点小组访谈、深度访谈 试验和面板设计、投射技术 心里统计特征及活动、兴趣、选择学习 生理学技术 概率抽样 互联网网上调查
	营销模型
	广告 销售管理 新产品 产品规划 拍卖定价模型、随机品牌选择、市场份额模型 品牌评估模型

第三章　企业营销的当代背景——大数据技术崛起

如今，越来越多的企业参与到大数据的竞争中来。大数据是一个修辞学意义上的词汇，在数据方面，"大"（big）是一个快速发展的术语。本章将介绍大数据技术的相关理论知识。

第一节　大数据产生的历史背景

随着信息时代的到来，各种数据围绕在我们身边，大数据时代即将到来。其实早在1890年，就已经开始有处理数据的方法出现，产生背景如表3-1所示。

表3-1　大数据产生背景

时间	事件
1890年	美国统计学家赫尔曼·霍尔瑞斯（Herman Hollerith）为了统计这一年的人口普查数据，发明了一台电动器来读取卡片上的数据，该设备让美国用一年时间就完成了原本耗时8年的人口普查活动，由此在全球范围内引起了数据处理的新纪元
1961年	美国国家安全局在成立后的9年内就是已拥有超过12000名密码学家的情报机构，在冷战年代，面对超量信息、开始采用计算机自动收集处理信号情报，并努力将仓库内积压的模拟磁盘信息进行数字化处理。仅1961年7月份，该机构就收到了17000卷磁带
2009年	美国政府推出data.gov网站，作为政府开放数据计划的部分举措，该网站拥有超过4.45万的数据量，并用于保证一些网站和智能手机应用程序来跟踪从航班到产品召回再到特定区域内失业率的信息，这一行动激发了从肯尼亚到英国范围内的类似举措
2011年	扫描2亿年的页面信息，只需几秒即可完成。同时，IBM沃森计算机系统在智力竞赛节目危险边缘中打败了两名人类挑战者，后来，纽约时报称这一刻为一个大数据计算的胜利
2011年	英国自然杂志曾出版刊物指出，若能够有效组织和使用大数据，人类得到更多的机会发挥科学技术、对社会发展有巨大的推动作用
2012年	美国政府报告要求每一个联邦机构都要有一个大数据策略，作为回应，奥巴马政府宣布了一项耗资两亿美元的大数据研究与发展项目
2012年	美国国务卿希拉里·克林顿（Hillary Clinton）宣布了一个名为数据2X的公私合营企业，用来收集统计世界各地的妇女和女童在经济、政治、社会地位方面的信息

回顾过去的50多年，我们可以看到IT产业已经经历过几轮新兴和重叠的技术浪潮，如图3-1所示。这里面的每一波浪潮都是由新兴的IT供应商主导的，他们改变了已有的秩序，重新定义了已有的计算机规范。

```
1960年      1980年     1990年        1990-2000      2010年
大型机  →   小型机  →  个人计算机/  →  年网络式/  →  云计算/
                      卫星处理器      分布式计算     大数据
```

图3-1　IT产业发展浪潮

用户手中的手机和移动设备是使得数据量爆炸的一个重要原因，目前，全球用户拥有约50亿台手机，其中20亿台为智能电话，这相当于20世纪80年代20亿台IBM的大型机掌握在消费者手中。

"大数据"是"数据化"势态下的必然结果。"一切都被记录，一切都被数字化"是数据化的核心思想，此外，它也在一定程度上造成了数据量信息的暴增和数据来源的多样性。2016—2017年两年中所产生的数据量与2010年之前由整个人类文明产生的数据量相当；数据形态也日趋丰富，非结构化数据的比例近年来呈现日趋增长的态势。

第二节　大数据的定义和特征

大数据从字面上来理解就是大量、海量的数据，但其具体的定义也是众说纷纭，在互联网数据中心（Internet Data Center，IDC）的报告中，他们眼中的大数据是这样的：虽然大数据看上去似乎是一个充满未知的动态过程，但是实际上并不是什么新鲜事，尽管受到了越来越多的关注度，也代表了主流趋势。其实，大数据并非实体，它是一个跨越许多IT界限的动态活动。

但IDC对大数据的定义太模糊，大多人都看不懂。因此，想要明白"大数据"概念，还要从"大数据"的名词本身入手。

首先要从"大"入手，那么"大数据"的"大"到底指的是哪些方面呢？笔者认为，大数据同过去的海量数据有所区别，其基本特征可以用4个V来总结：Volume（体积大）、Variety（多样性）、Value（价值密度低）、Velocity（速度快）。

①数据体积庞大。通常来说，大数据就是指10TB以上容量的数据规模。现如今，在很多公司的实际使用过程中，已经把很多个数据集结在一起了，数据规模完全超出，甚至已经达到了PB级别。

②数据种类繁多。数据来源日趋多样，数据类别日益增多，已经由原来单一的结构化数据发展到了现如今的半结构化、非结构化等类别。

③价值密度低。大数据创建的密度值显著降低。依据福利经济学的概念，生产力与单一商品的价值无关，生产力只与生产数量相关联。也就是说，高生产率公司在相同的时间内创造更多价值。因此，更高的生产力可以被理解为由于生产和管理技术的创新以及劳动力复杂性的增加，导致单位劳动时间的价值密度更高。

④数据增长速度快。据统计，在世界范围内，数据量以每年50%的速度攀升，数据增长速度显然已经超越了IT设计开发的速度。数据本身已成为企业发展的资产。准确地获取数据信息，快速实现数字化生产和管控，已成为企业占领市场份额和回应行业互联网的有力途径。

另外，从"数据"两个词来分析，大数据是海量的，是巨大的，它关乎数据量。笔者认为可以从3方面定义大数据：数据量、广度和分类、速度。

简括的说，大数据是一个体积容量非常庞大，数据种类非常丰富的数据集合体。从实质上来说，大数据并非什么新技术、新产品，它是为了适应时代发展而产生的一种新现象。那么，具体这个"大"会达到一个什么范围？可以这样理解：它势必冲破现有传统软件可以提供的限制范围。

总而言之，全球最大的战略咨询公司麦肯锡已经提出了一个非常明确的定义：大数据是指在一段时间内无法捕获，管理和处理传统数据库软件工具的数据。

伴随着互联网技术地不断飞跃，企业的正常运作、政府机关的管控办法、人们的日常生活方式都深受其影响。爆破性的信息累积一定会产生新的变化。世界充满了越来越多的信息，信息总量的变动势必会造成信息样式的变动。大数据在这样的环境下就此产生，大数据与互联网还是有很大差别的，它正在以强大的力量撼动世界原有的形态，它是一种兼具强决策力、强洞察力和高发现力、高攀升率的多样化的信息资产。

第三节　大数据的结构特征

目前，全世界范围内储存的数据总量极速攀升，数据总量庞大是大数据最为显著的特点。在2000年的时候，全世界范围内储存的数据总量是800 000PB，按照目前的增长态势，2020年的时候一定会再创新高，有望达到35ZB。例如，Twitter和Facebook每天都会分别产生7TB和10TB。一些公司一年中每一天的每小时都产生几TB的数据。

就传统IT企业而言，他们的结构化及非结构化数据的增长率也是十分快速的。2005年的时候，结构化存贮量为4EB，到2015年就已达到了29EB，年复合增长率超过20%。非机构化的数据更为让你为之惊奇，2005年的时候，数据总量是22EB，2015年一件高达1600EB，增长率为60%，这样的速率已完全赶超摩尔定律。

那么，一分钟到底会有多少数据产生：

（1）Google 收到超过 2 000 000 个搜索查询。

（2）Facebook 用户分享 684 478 条内容。

（3）Twitter 用户发送超过 100 000 条微博。

（4）苹果公司收到大约 47 000 个应用下载。

（5）Facebook 的品牌和企业收到 34 722 个"赞"。

（6）Tumblr 博客用户发布 27 778 个新帖子。

（7）Instagram 用户分享 36 000 张新照片。

（8）Flickr 用户添加 3 125 张新照片。

（9）Foursquare 用户执行 2 083 次签到。

（10）571 个新网站诞生。

（11）Word Press 用户发布 347 篇新博文。

（12）电子邮件用户发送 204 166 677 条信息。

（13）消费者在网购上花费 272 070 美元。

因为数据本身非常庞杂，处理难度非常大，所以，在对大数据进行处理的时候首当其冲的要执行大规模并行处理（Massively Parallel Processing，简称 MPP），这也在一定程度上加大了并行摄取、并行数据装载和分析的可能性。基本上，大数据的类别都是非结构化和半结构化，因此，在执行的时候通常也要选择不一样的技术方法和工具类别。

大数据的结构反映了其最凸显的特点。如表 3-2 所示，它显示了多种不同类型数据结构的数据攀升态势。据报道，未来数据增长的 80％至 90％将来自非结构化（包括半非结构化，准非结构化和非结构化数据）的数据类别。

表 3-2 数据增长日益趋向非结构化

结构化进度	数据内容	举例
结构化	包括预定义的数据类型、格式和结构数据	事务性数据和联机分析处理
半结构化	具有可识别的模式并有可以解析的文本数据档	自描述和具有定义模式的 XML 数据档
"准"结构化	具有不规则数据格式的文本数据，通过使用工具可以使之格式化	包含不一致的数据值和格式的网站点击数据
非结构化	没有固定结构的数据，通常将其保存成不同类型的文档	TXT 文本文档、PDF 文档、图像和视频

第四节 大数据的具体趋势

自 2011 年起，随着大数据被人们了解，逐步形成相对完整的认知框架。并得出信息产业的发展具有 3 大趋势：数据成为资产、行业垂直整合以及泛互联网化。这 3 大趋势的提出，拓展了大数据主题的研究范围，开辟了新的视角和逻辑来观察信息产业内公司成长路径和投资价值。

一、数据成为资产

在当今的信息时代，数据势必会成为独立存在的生产要素。笔者认为，"数据已经接近农业时代"土地"的性质。如果一个公司拥有一定类型的相对完备和全面的数据，就可以实现"退可偏安一隅"，"进可跃马中原"。总的来说，数据已经不是简单的几个"数字"了，它发生了以下变化。

（1）成为促进工业化和信息产业化高度交融的重要枢纽。
（2）成为促进产业整合和兼并的战略资产。
（3）为各个地区发展转变提供新思路。
（4）成为促进公司跨行业变形的基地。
（5）成为数领域学与工程领域实践融合的最佳实践场所。

众所周知，谷歌、脸书以及亚马逊摘得了互联网领头羊的头衔，累积了数量非常大、种类繁多的数据资产。谷歌建立了世界上最大最广泛的搜索引擎；脸书的社交网络积淀了全球最宽泛的人际数据库；亚马逊网站推出了大量的商品信息，成为互联网上最大的商品信息库。不同类型的数据资产势必促使他们执行不同的商业运作模式和战略思想。

拥有无与伦比的数据资产的公司，将会获取出乎意料的发展速度，创造出令人惊叹不已的商业运作模式。实际上，他们完全具有倾覆、打击其他行业的压倒性优势。上述三家互联网巨头甚至要比 IBM、微软等传统的老牌巨头更了解用户需要什么，他们可以引领产业的发展方向。

二、行业垂直整合

新兴起的行业在扩张的方式上通常都会选择垂直整合的模式，但是随着产品日趋成熟，分工专业化，成本费用也不断减少，就会慢慢转变成水平分工的态势，具体如图 3-2 所示。

水平分工 新兴产品市场	垂直整合 成熟产品市场
·标准化 ·组件化 ·低门槛 ·产业分工	·一体化 ·高门槛 ·专用接口 ·要么成为巨头，要么淘汰

图 3-2　产业格局

当前，信息产业行业纵向一体化态势日益凸显，这是大数据效应的一个有代表性的特征，转变了行业的整体竞争格局。在这样的背景下，更接近最终用户的公司在产业链中就会具有更大的优势。微软股票价格横盘十年左右，但苹果股价持续飙升。两大巨头之间的竞争是这一趋势的最佳说明。

在过去的几年时间里，人们购买计算机的时候，最看重的就是中央处理器、内部存储容量、系统模式等。但是随着社会的发展，如今人们的关注点早已发生改变，大多人都会选择 iPad，觉得很酷，可以满足他们追求个性化的要求。

这个趋势也同样适用于企业市场，究其根本，主要在于各大应用网站的软件类型基本相同，大量的用户越来越看重产品的功能特色而非计算能力。

三、泛互联网化

互联网正在撼动社会的生产力和生产关系，泛互联网化最好的解释就是一切事物都在慢慢靠近网络，目前现有阶段传统的企业逐步互联网化，那么人和物互联网化势必会成为下一个趋势。泛互联网化模式中，最注重的就是终端、平台、应用以及大数据，如图 3-3 所示。

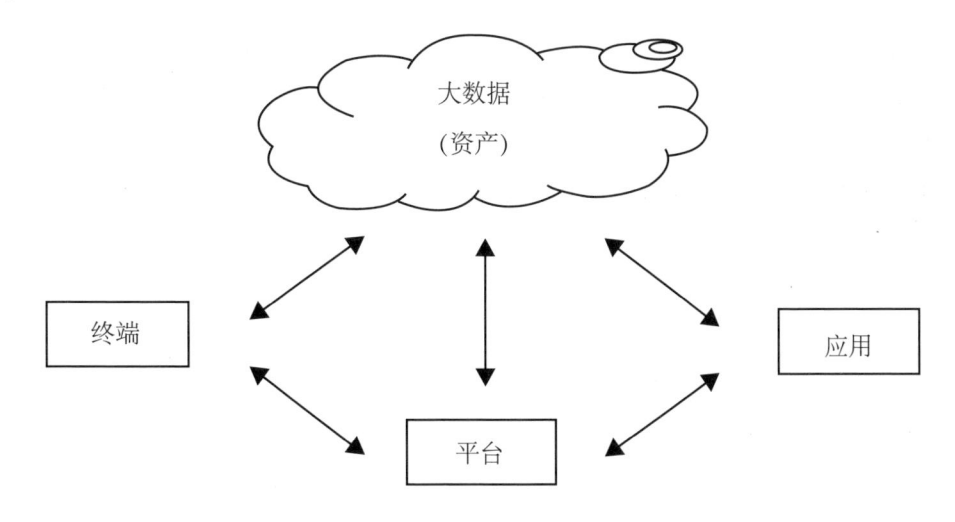

图 3-3　泛互联网化范式

大数据、终端、平台和应用程序都可以是核心的利润源头。不同的发展时期，不同的发展阶段，利润的主要参与者也有所差别。依据公司的主要利润来源，它可以划分为终端模式、应用模式、平台模式、数据模式和混合模式五大类。

第五节　大数据改变探索世界

自 2012 年开始，大数据就一直位于话题榜首。伴随着科技的不断发展，各类电子产品的大范围普及，一个规模庞大的集生产、分享、应用数据的时代正在来临。

大数据为什么受到了人们极高的关注度？因为在当今信息大爆炸的时代，大数据就好比是黄金、石油这样的重要资源。在大数据背景下，一旦在大量的数据里发现了两个现象之间存在的比较明显的关联性，就可以创造巨大的经济或社会效益。

笔者认为，大数据并不是一个商业包装的肥皂泡，而是即将改变全世界多个行业的重要工具，驾驭它需要人们具备包括思维变革、商业变革和管理改革在内的充分准备。和传统的数据分析不同，大数据时代不再执着于因果关系，而是更加看重相关性，即不再深究"为什么"，而更多揭示"是什么"以及"会怎样"。

如今，不少国家和企业已经开始在"大数据"领域谋篇布局，如微软、谷歌、雅虎等 IT 巨头都在通过大规模互联网并购、开发大数据产品等多种途径，抢先布局大数据战略。基于互联网的高速发展，数据的收集和储存变得更加容易，数据的价值被进一步放大，人们除了将数据分析的结果运用于服务领域、产品研发领域，甚至还有营销领域，一切皆有可能。

我们正身处"数据大爆炸"的尖峰时刻，地球上的数据从 2006—2011 年增长了 10 倍，而且这个速度还在加快！任何不能理解并驾驭大数据的公司都随时有可能被数据爆炸的冲击波掀翻在地。当然，大数据的普及趋势对于中小企业和个人来说更多的是一种前所未有的机遇，大数据正从大型企业的"核武器"，演变成中小企业手中的"激光枪"。在过去，数据只是企业的内部资产，而现在，数据则成为企业更核心的战略资源，企业希望能够用数据去推动业务发展，并作为市场竞争中的武器。

第四章　大数据对企业营销的影响探究

利用大数据分析用户行为特征是现代化企业最重要的议题之一。电商通过搜集到的大数据，可以清楚地的知道用户进入过的网站、查看过的产品，并通过用户的搜索行为特征推荐合适的产品。而商家的推荐将激发用户的购买欲，从而使"搜集大数据—查看历史记录—推荐产品—购买"这个过程循环往复，构成了一个良性循环的电子营销系统。这要求商家通过分析用户行为特征，主动高效地出击，展开营销攻势，实现效率和利益的最大化。

第一节　大数据分析用户行为

一、用户搜索惯性

2015年4月22日，百度发布涵盖数亿网民汽车搜索行为数据的《中国汽车行业网民搜索行为报告》。报告对汽车行业消费者的行为变化情况进行了分析总结，绘制出了汽车行业网民关注趋势图。趋势图可以帮助汽车企业预测行业趋势、观察消费者行为变化、为企业制订市场营销策略提供了有利的参照依据。

报告对汽车行业消费者的移动端搜索趋势、汽车品牌、车型搜索行为、区域消费市场等特点进行了深刻剖析，主要涵盖汽车行业搜索行为、汽车品类分布格局、新型汽车搜索趋势、汽车搜索指数排行等四个维度。

用户产生搜索行为的原因一般是在解决问题时遇到了自己不懂的问题或概念，由此产生了对特定信息的需求。之后用户会在头脑中形成以满足信息需求为目的的关键字，并将关键字输入搜索引擎，然后浏览搜索结果。一旦搜索结果不能满足用户的信息需求，用户就会根据搜索结果改写查询关键字，以便更准确地描述自己的信息需求，之后重构新的查询需求，提交给搜索引擎。如此一来，用户和搜索引擎交互的闭合回路形成，直到搜索结果满足用户的信息需求或尝试几次无果而终。

从图4-1可以看出，从用户产生信息需求到查询的过程有很大的不确定性，用户一开始可能找不到合适的查询词或者找到的查询词不能完全描述用户的信息需求，即用户形成查询的过程中存在信息丢失的风险。所以信息查询循环过程中的查询改写就是用户逐渐理清搜索需求的一个过程。

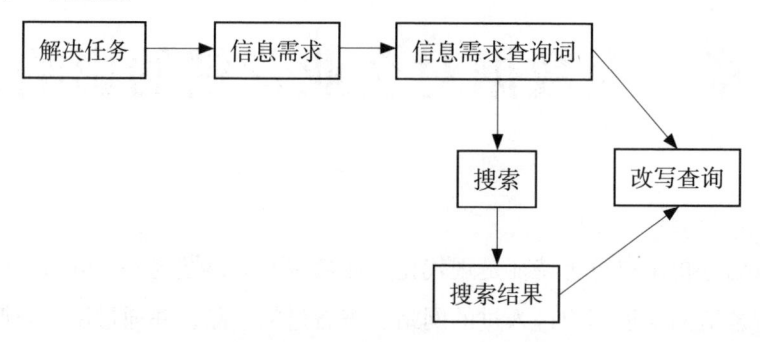

图 4-1 用户搜索行为示意图

（一）万圣节搜索意图

用户的每一次搜索请求都隐藏着一定的搜索意图，如果搜索引擎能够根据用户搜索的关键字找到其搜索意图，并根据具体的用户意图提供不同的检索方法，将符合用户意图的搜索结果放在前面，将给用户带来更好的搜索体验。目前的搜索引擎都在试图引进这种搜索模式，比如用户搜索"上海天气"的时候，搜索引擎会自动将上海当日的气温变化等情况放在搜索结果首位。用户意图的分类没有明确标准，业内人士通过人工分析查询，将搜索意图分为以下三大类。

1. 导航型搜索

这种搜索请求的目的是查找具体的某个网址，如"北京大学网址"，其特点是用户知道想要去的某个网页，但是不知道或者为了免于输入具体网址，所以用搜索引擎查找。

2. 信息型搜索

这种搜索请求的目的是为了获取某种信息，如"韩国现任首相是谁""红烧鲤鱼怎么做"等，其特点是用户想要学习新知识。可细分为以下几种类型（见图 4-2）。

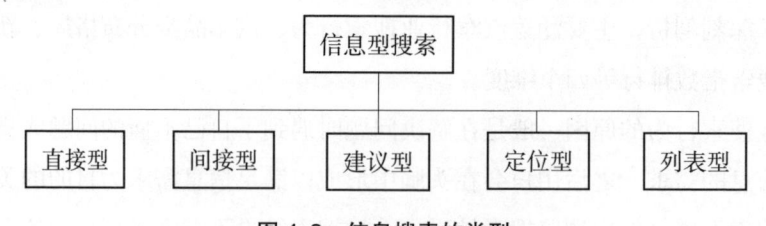

图 4-2 信息搜索的类型

（1）直接型。用户想知道某话题某一方面具体的信息，如"饭后适合吃哪些水果"等。

（2）间接型。用户想了解某话题任意方面的信息，如搜索"李易峰""杨洋"等。

（3）建议型。用户希望能够得到某方面的指导、建议等，如"如何才能考上公务员"等。

（4）定位型。用户希望了解在现实生活中哪里可以找到某些产品或服务，如"买苹果手机"等。

（5）列表型。用户希望找到一些能够满足需求的信息，如"天安门附近的饭店"等。

3. 事务性搜索

这种搜索请求的目的是从网上获取某种资源，完成一个具有明确目标的事务，比如下载一首歌曲、下载一个软件或者网上购物等，其特点是想要在网上做事情。可细分为以下几种类型，如图4-3所示。

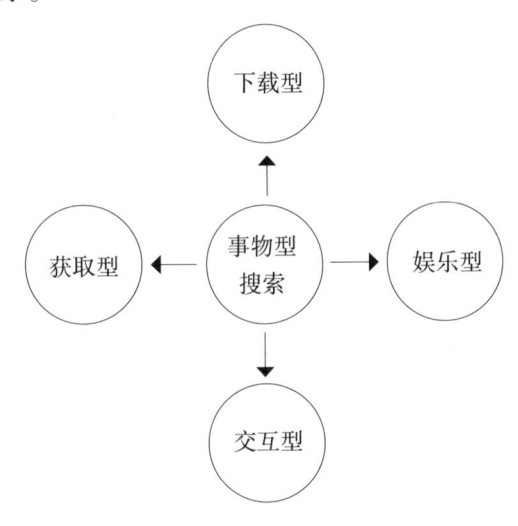

图4-3　事物搜索的类型

（1）下载型。希望从网上下载想要的产品或者服务，如"微信软件下载"等。

（2）娱乐型。用户以娱乐为目的获取一些有关信息，如"音乐下载"等。

（3）交互型。用户希望使用某个软件或服务提供的结果，获取想要的信息，如用户想要使用中国教育考试网查询自己的考试成绩等。

（4）获取型。用户希望在网上获取一种资源可以在现实生活中使用，如用户可以打印搜索到的折扣券，然后在现实生活中使用。

互联网企业只有准确了解用户的搜索意图，才有可能为之提供满意的服务。例如，万圣节之夜的活动在10月31日举行，但是关注该节日的人从9月开始就对"万圣节"发起了搜索攻势。2014年维尔福软件（Valve Software）公司通过对用户的搜索数据调查研究发现，从9月初开始"万圣节"的搜索量就急速上升，此后的流量几乎都导入了购买万圣节服装的平台或店铺页面。

"万圣节服装""万圣节变装""Disney"等关键字占据用户搜索排名的前列，不过各个年龄段的特征不同。"cosplay""hair arrange"是20岁左右的用户最欢迎的关键字，因为年轻人比较热衷于参加各种活动和派对；30岁左右的用户喜欢搜索"illustration""recipe"等关键字，因为他们要和自己的儿女共度万圣节；40岁左右的用户中搜索"点心""美甲""折纸"等关键字居多，一方面是工作需要，另一方面是因为儿女；50岁左右的用户更多地搜索"装饰""明信片""剪纸"等；还有60岁左右的用户会搜索"语言""意义""塞尔特人"等关键字，可以认为他们对万圣节不太了解，所以要补充基础知识。

（二）精准定位的万圣节关键字

利用简单的关键字搜索，网上提供了比实体店更多的产品选择，很多销售万圣节产品的网店都取得了不错的销售成绩。用户搜索的习惯在很大程度上影响了互联网企业营销策略的制定与实行。随着互联网地发展，用户思维地提升，企业应该如何精准定位用户搜索的关键字呢？

1. 根据用户思维确立关键字

根据不断变化的关键字调整网站关键字。用户思维发生的变化具有不确定性，但是其核心词语不会变。比如用户在搜索与"女鞋"有关的话题时，不管他的关键字怎么变化，"女鞋"这个中心词肯定不会变。因此，我们就可以根据不同类别网站的不同用户进行合理的访问，把自己想象成一名用户，根据网站特点编辑出合理的网站关键字。

以女鞋为例，搜索"女鞋"话题的用户大部分是女性。根据女性的爱美心理，网站就可以编辑出自己网站的关键字，比如"什么女鞋最时尚""漂亮的女鞋有哪些"等；根据女性对鞋子舒适的要求编辑关键字，比如"什么女鞋穿起来最舒服""穿起来舒服的女鞋有哪些"等。

不同的行业网站有不同的用户思维，但用户思维一定是以网站的特点为基础的。企业需要把握自己的网站特点，根据用户的惯性思维编辑关键字，这样才能提升网站的用户搜索体验，锁定忠实用户。

2. 根据热门搜索合理定制关键字

商家在利用用户搜索惯性编辑关键字的时候，也要考虑热门搜索词语。热门词语所反映的情况可能并非实际情况，但是蕴含着一定的道理。网站需要考虑的热门词语有以下三种。

（1）热门指数词语。热门指数词语代表着固定的流量，网站对热门指数词语具有很强的偏好性。企业可以通过挖掘工具进行热门指数词语的挖掘，选择排名第三至第六的热门指数词语作为关键字。这样的关键字排名有上升空间，竞争压力小。

（2）未来热门词语。未来热门词语在当下可能是一个低流量词语，随着时间推移将变成高流量词语。如 iPhone5 的诞生吸引了无数的流量，而之前就是一个低流量词语。如果 IT 网站现在上线一个 iPhone7 的网站，未来必定红火。

（3）热门竞争度词语。竞争对手选择的热门词语一定是具有利润的。如百度首页中超过 5 个网站都具备同一个关键字，那么这个词肯定是有利润可图的，有挖掘意义。利用用户的搜索惯性充分挖掘出有价值的关键字非常重要，少数精准的关键字比多数无太大意义的关键字的作用更大。用户的搜索行为过程与意图是营销人员需要仔细研究的领域，只有这样才能提供更好地用户体验。

二、用户的点评数据

社会各行各业都离不开评价机制，尤其是产品与服务行业。企业只有通过用户的反馈信息才能了解用户的满意度，从而推动企业的发展。对用户点评数据的利用不仅能规范一个企业，使企业更好地为广大用户服务，更能够让企业了解用户的真正需求，从而进行精准的市场定位。用户点评数据还能为其他用户提供参考。

2011年2月，携程通过整合酒店点评、目的地探索和社区服务成立了驴评网。同年4月，驴评网开始独立运营。国外著名旅游点评社区网站猫途鹰（Trip Advisor）是其对标网站。2013年年初，携程为了实现构建旅游一站式服务的战略目标将资源重新整合，把独立运营了2年的驴评网合并融入携程攻略社区。

时任驴评网总裁的崔继蓉经历了驴评网从最开始成立、然后独立出去、最后被整合的全过程。崔继蓉认为驴评网独立经营的模式存在独特价值，并不适合被整合。崔继蓉希望为用户提供最客观的选择，让用户更容易地找到最好、最合适的酒店，从而提升用户旅行满意度。崔继蓉因此离开携程，开始为自己的理想奋斗，创立了"周末酒店"。

很多人认为在线酒店预订已经被大型旅游电商垄断，没有什么可以突破的机会。然而，崔继蓉却认为旅游电商的标准化产品和服务已经遇到瓶颈，在个性化的产品和服务等细分领域没有很好地满足特定用户群的需求，而这就是她的机会。崔继蓉创立的"周末酒店"从度假预订酒店这一领域切入，通过用户的点评数据与推荐算法，为休闲度假用户提供了个性化的酒店推荐和预订服务。

当然，"周末"不仅仅是"星期日"的意思，还代表着休闲度假的含义。随着人们生活水平的提高，休闲度假已渐渐成为放松心情的常见方式，而酒店就是整个度假过程中必不可少的环节。崔继蓉认为，休闲度假的用户一般都比较挑剔，而挑剔的用户进行入住酒店决策时普遍关注口碑。周末酒店对用户进行了精准的定位，然后通过度假酒店的使用场景为用户提供了个性化的产品和服务。

周末酒店的营销策略以用户的点评数据为基础。首先周末酒店会收集海量的用户点评数据，其次运用自然语言处理技术对海量的点评数据进行结构化整理，接着周末酒店品鉴师进行社区运营，最后筛选出的酒店或者民宿推荐就满足了特色、好口碑、高性价比的特点。

崔继蓉说："在线酒店预订的发展趋势是大数据+自然语言处理技术+推荐算法。"周末酒店一直在顺应这个发展趋势。通过大数据算法处理用户点评数据进行个性化推荐，将用户点评数据所衍生的服务价值真正地发挥了出来。同时，周末酒店不只提供个性化的酒店产品，还会根据用户的个体需求，提供类似酒店+机票、酒店+门票、酒店+美食等打包类产品，为度假用户提供更加贴心的服务选择。

截至2015年10月，周末酒店的合作酒店有3000多家，覆盖国内外目的地数量也已经有两百多个，累计用户下载量已经超过 20 万。周末酒店自成立以来，始终坚持对模式进行验证，如今，周末酒店的发展模式已经基本确立。

周末酒店利用海量的用户点评信息，为用户提供了更有用、更值得信赖的服务，这是周末酒店的生命线。可以预测，周末酒店未来的发展有很大潜力。

通过上述案例可知，收集用户的点评数据已经成为各大企业的重点工作之一。企业绞尽脑汁不断进行改革、提升或是改进自身的产品和服务，而用户的点评数据能够起到参考作用。因为很多专业的调研结果都显示，通过收集用户的点评数据能够了解用户真实的想法、意见和需求，从而帮助企业不断地完善自己，创造更多的利益。用户点评数据的作用有以下两方面。

（一）发现企业自身的优劣势

企业在发展的过程中不可能一帆风顺，员工的工作难免出现一些差错，高层人员也会出现决策失误。而企业的大众用户是最了解企业产品和服务体验的，因此很多企业都会通过收集用户点评数据整理分析用户的意见。

通过用户的点评数据，企业能够分析出用户满意或者不满意的地方，这些因素就是企业存在的优势和劣势。例如，目前的电商网站在用户购买产品确认收货后需要填写一个评价。此举商家一方面可以为自己的产品增加人气，另一方面可以发现产品和服务的优势、劣势以及需要改进的地方。

（二）了解用户的需求

企业通过发现自身的劣势对产品和服务做出提升和改进，而收集、分析用户的点评数据还有一个重要之处就是倾听用户的意见、了解用户的真实需求。例如，电商网站通过收集用户的点评数据发现用户对快递服务不是很满意，那么电商网站就能够根据用户的需求制订出相应的对策。

三、用户的购物车列表

电子商务在互联网时代越来越火爆。而各类零售网站在面对机遇的同时也面临着各种挑战。互联网上众多产品令用户眼花缭乱，让自己的产品在众多同类产品中脱颖而出变得越来越难。

从美国某财经网站对电子商务发起的一项研究中发现，被称为"购物车放弃"的一种现象让各大电商焦虑不已。顾名思义，"购物车放弃"就是指产品经历了用户苛刻地筛选流程被放进了用户的购物车，却始终没有结账或是被放弃购买的现象。

对于大众用户来说，这种现象是非常普遍的。在线下购物时，用户可以几经挑选最终确定少数几件产品从中做出购买决定。而在线上的电商网站购物时，用户可以更方便地将自己有好感的产品放进购物车，然后再综合考虑各方面的因素，决定最终支付的产品。财经网站做出的总结报告显示，随着网购用户向移动互联网用户的转变，"购物车放弃"的现象将日益增多。

尽管用户没有结算购物车的产品，但用户对产品的需求可能依然存在。对电商网站来说，这些产品订单还没有完全失去，还具有价值。根据调查，在有过购物车放弃经验的用户中，75%的用户表示以后会购买购物车中的产品，但是有可能会前往实体店购买。

实际上，网络零售商想要让用户结算购物车中已放弃的产品是非常困难的。但是零售网站可以使用诸多方法，追回一部分由购物车流失的销售额。例如，将网络平台的支付结算流程简化；通过电子邮件或短信对放弃了购物车中产品的用户进行提醒。

根据某调查数据表明，用户退出电商网站的一天内，如果向用户发送提醒消息，超过40%的收件人将会仔细查看消息，超过20%的收件人将会通过链接查看未支付的购物车产品。电商应该对用户购物车中放弃的产品进行分析，例如用户放弃挑选好的产品是产品本身的问题还是网购流程的问题，或者是品牌的号召力与忠诚度不足？这些都是购物车中隐藏的巨大价值。

（一）电商网站重视购物车

根据业内人士分析，电商网站对购物车深度分析方面的投入应该加大，这种投入是非常有价值的。在现实生活中，购物车是消费者在商场或超市购物时用来存放产品的地方；而在网络购物中，购物车是顾客在网购时所必须使用的购物工具，专门用来临时存储用户选择的商品，协助顾客从虚拟商场中选取商品、携带商品到虚拟的收银台结账。在网站的购物车中，用户可以随意添加、删除产品，选购完毕后，再统一下单。电商应该重视购物车的设计，购物车在电商网站的经营中具有非常重要的作用，原因如图4-4所示。

购物车具有重要作用的三个原因		
购物车是消费的最后环节	购物车隐藏的对比收藏功能	购车车的重交易属性

图4-4 购物车具有重要作用的三个原因

1. 购物车是消费的最后一环

在用户整体的消费过程中，购物车一般是最后一环。用户完整的消费体验应该是：打开APP或网站，浏览网站产品，接着加入购物车，最后确认订单并支付。在用户购买产品的整个过程中，购物车和支付环节可以合并成一个步骤。一般用户打开购物车并开始填写地址的时候，就离成交不远了。如果在用户购物的最后一环中，给了用户不好的体验，对网站来说是很大的损失。

2. 购物车隐含的对比收藏功能

电商网站里的购物车与现实里的购物车有很大不同。在现实购物过程中，消费者只会把即将购买的产品放进购物车里。而在电商网站里，用户还非常喜欢将自己有好感，但当前没有购买计划的产品先放进购物车，或者将自己计划购买的所有同类产品统一放进购物车，最后进行比较决定购买哪一个。购物车隐含的对比收藏功能使商家知道用户的大致偏好。

3. 购物车的重交易属性

用户在电商网站浏览产品时涉及的是电商的前端展示工作，而购物车环节已经涉及最终的交易工作。对于用户来说，在购物车环节需要了解当前交易产品的基本信息，包括价格、数量等；对于网络零售商来说，交易工作主要在购物车环节进行，包括确认收款、生成订单、物流环节等主要交易内容都需要在购物车环节获取到信息。

（二）巧妙设计购物车

从长远利益来看，电商应该考虑购物车的很多细节，最大限度地降低购物车环节流失的销售额。根据很多网络零售商的经验，梳理出购物车设计中需要注意的六项细节（见图4-5）。

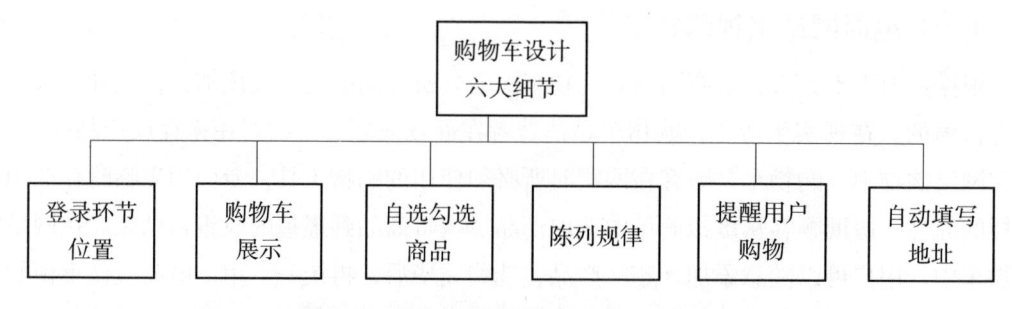

图4-5 购物车设计需要考虑的六大细节

1. 登录环节位置

电商网站的登录环节应该放在购物车之后。保证用户在浏览过程中可以先将喜欢的产品加入购物车，在最后统一结算时再登录可以降低用户放弃购物车的概率。因为用户可能是购买几种产品，需要将产品一件一件地加入购物车，过早地提醒用户需要登录才能购买将会打扰用户的购物流程，给部分用户不好的体验，导致用户对该网站避而远之。

登录环节放在购物车之后，移动端网站需要记忆用户加入购物车的信息，在登录之后将用户购物车信息进行整理合并。如果电商网站没有考虑好这个问题，将会遇到技术难题。

2. 购物车展示

在购物车中，不同类型的物品有不同的展示方式。所有的产品都需要展示基本信息，包括商品名称、价格、数量及其他附属信息等。PC（计算机）端展示的产品信息更加丰富，如增添收藏功能等；移动端由于屏幕大小的限制，应该将一些不常用的功能隐藏。

电商网站应该根据不同类型产品展示的基本信息对用户关心的内容的进行调整，如穿戴类产品，用户最关心的是尺码、颜色等。其中需要注意的是，用户在购物车可能存在以下操作。

（1）基本增删操作：产品数量的增加或减少、不购买其中某个产品等。

（2）重新查看产品详细信息：用户可能想要重新查看某个产品的详细信息，电商网站要注意保留入口让用户重新查看产品的详细信息。

（3）更改操作：用户要更改交易信息对电商网站来说是一件麻烦事，如用户需要更改购买衣服的颜色、尺寸等。一般来说，用户想要更改交易产品信息需要重新选择商品。电商网站对此可以设计让用户直接更改商品信息。

3. 自动勾选商品

购物车的收藏功能使得用户在购物车中存储了很多产品。当用户进行结算时，每一次都要重新把本次加入进购物车中的产品勾选出来，让用户感觉很麻烦，带来了不好的用户体验。电商网站应该为购物车添加自动勾选本次挑选产品的功能，这能为用户带来很大便利，提高用户体验。

4. 陈列规律

用户对自己每一次购买的消费价格都是非常关心的，为避免商品列表过长将价格信息隐藏，电商网站中购物车结算列表的页面一般会把总价固定在底部提示。在合计价格信息时要将优惠价格显示出来，这样能够促进消费者购买。

5. 提醒用户购买

网络零售商要注意提醒用户购物车中的最底层商品，这样做的好处是能让用户看见曾经选择但没有购买的商品，对用户进行提醒，有可能重新引起用户的购买兴趣。据调查显示，在4小时内提醒用户加入购物车，但没有购买的产品有27%的唤醒率。网络零售商可以从以下三点提醒用户。

（1）用户已经生成订单但是还没有支付。

（2）产品有优惠信息。

（3）产品即将售完，库存不足。

将这些信息传递给用户可以促进用户购买，但是要注意提醒用户的时间段。一般早上9点至晚上8点是最合适的提醒时间，其他时间段会打扰用户，引起用户的反感。APP消息推送或者发送电子邮件是电商普遍应用的提醒方式。

6. 自动填写地址

互联网智能时代有一个明显的优势就是能够定位用户的地址，如今的定位技术已经非常完善。电商网站应该考虑自动匹配用户的邮编以及地址信息，达到减少用户购买成本的目的。因为每个电商网站的侧重点不同，对购物车支付环节的设计，需要根据情况具体分析。

四、亚马逊的浏览轨迹分析

如今，数据的计量单位由PB（1000个TB）到EB（100万个TB），再发展至ZB（10

亿个 TB），井喷式增长的数据标志着大数据时代的到来。人们在网络上的足迹，都为大数据的增长做了贡献，如浏览一个网站、登录一次邮箱、发送一次邮件、发表一个帖子。

大多数互联网用户都有类似经验，当人们打开邮箱，经常能收到一些感兴趣的广告链接，如淘宝网服装打折，京东电子产品促销，还有一些小游戏的推荐等。不知道你有没有发现，不同的用户被推荐不同的内容。而这些不同的内容往往正好符合用户需求。

（一）亚马逊的促销策略

亚马逊是全球领先的电子商务公司，该公司是利用大数据分析用户行为特征获得成功的典型案例。1995 年，亚马逊首创了网上售书业务，图书行业的利润非常少，很多企业以降低价格为主要手段进行竞争，最终也没有取得胜利。亚马逊深知这个道理，决定从用户的行为数据特征入手进入图书行业。当电子商务还不为人们所了解时，亚马逊就通过互联网获取了大量的用户行为信息，分析用户行为特征，最终满足了互联网用户的个性需求，打破了图书行业的传统市场销售模式，在不到十年的时间里成为图书电商的龙头。

低价促销作为企业提高销售量、增强知名度的常用方式，被亚马逊玩出了新花样。亚马逊的促销管理运营流程以用户数据为指导。对亚马逊来说，一次好的促销活动不只是降低产品价格，而是数据支撑下企业各个部门以及整个产品供应链的联动。

据亚马逊中国副总裁张建富称，亚马逊进行一次大促销活动需要很长的准备时间。亚马逊在中国进行一次促销活动所涉及的部门非常广泛，包括西雅图、印度和中国区的运营、IT 技术、库房、客服、物流等各个部门，因此需要事先做好充分准备。在准备过程中，每个部门都要明确自己在促销活动中的职责。

在亚马逊的促销中，数据是各个部门的决策依据。亚马逊促销的选品策略、促销力度都是系统化的。大规模促销会吸引一大批用户，而亚马逊可以通过用户的浏览轨迹向不同用户推荐不同的促销产品，以提高转化率。

有些产品虽然折扣力度很大，如果用户近期有同类产品的购买行为，系统就不会再向用户推荐相同的产品，而是会根据用户的浏览轨迹和购买记录推荐用户有可能感兴趣的其他产品。

亚马逊的成功之处在于它可以整合用户数据，挖掘用户的潜在需求，对有相同特征的用户实行精准的营销。下面，我们就看看如果韩寒的新书上市，亚马逊会如何做一期邮件推广营销。

首先，从用户的购买数据中筛选出购买过韩寒的书的用户。当然，营销目标不仅仅是这些用户，通过用户的浏览轨迹分析可以筛选出关注过韩寒书籍的用户，他们也是本次营销活动的目标用户。亚马逊网站还会举行"喜欢韩寒还是郭敬明"的投票活动，锁定选择韩寒的用户。

其次，亚马逊需要分析目标用户群体的共同特征，从而为他们定制最搭配的促销方式。用户的浏览轨迹数据以及购买行为数据显示他们更倾向于邮费低的配送方式，这说明目标用户群对于运费价格比较敏感。这样一来，这次营销活动的主题也就确定了。邮件标题可以取名为"韩寒新书（免运费）"。

最后，营销活动到这里还没有结束。亚马逊会记录目标用户的反馈行为信息，目标用户收到邮件后，是否打开了邮件，是否通过邮件链接进入了韩寒新书促销页面。对整个营销活动来说，这种持续追踪行为可以统计活动的效果，为以后类似促销的活动提供参考依据。

在个体用户的数据收集方面，亚马逊的持续追踪行为可以统计这个用户对特定主题和特定促销方式的接受程度。亚马逊可以利用这种数据判断在以后类似的主题或者促销方式的营销活动中是否还发邮件给用户。如果连续将相似主题的邮件发给没有反应的用户，就会给用户带来不好的体验，使网站蒙受损失。生气的用户还有可能将亚马逊列到邮箱的黑名单中，对亚马逊的名誉造成负面影响。

亚马逊作为一家国际化大型企业，已经通过收集用户的数据建立了数据库。而大多数互联网公司则是通过收购来获得大数据，这样，同步数据就变成了当下最重要的任务。对个别用户数据的处理或者增强信息的针对性，仍然是一个低优先级的方式。

（二）亚马逊数据的有效利用

亚马逊利用用户数据为用户提供个性化的服务，使用户获得了满意的服务。这就给各个互联网公司一个启示：有效利用用户数据（见图4-6）为用户提供更优质的产品和服务才是数据的价值所在。

有效利用用户数据的方法			
利用数据对用户进行多维度分析	将用户数据进行量化	了解用户的浏览历史数据	添加不喜欢功能

图4-6 有效利用用户数据的方法

1. 利用数据对用户进行多维度地分析

电子商务企业将用户的地域、性别、年龄等属性作为分析维度，对营销活动信息进行筛选，这样可以在一定程度上提高用户与营销活动的相关性。最起码企业要保证用户收到的营销活动信息与自己的住址、工作场所以及自己的普通属性相关，这样用户才有可能对产品产生兴趣。

了解怀孕用户的购买习惯是一件很麻烦的事情。但优秀的互联网公司就具有这种洞察力，并可以利用这种洞察力进行细致入微地调查。他们不会打扰这些用户以及他们的父母，在各种各样的调查中，提取有价值的用户数据对怀孕客户定制服务，包括一些产前用品的优惠券等。

2. 将用户数据进行量化

需要量化的用户数据包括用户的浏览历史、是否产生了购买行为、购买过的产品价值、产品购买的频率以及最近一次购买产品的时间等属性。通过量化用户数据将会产生用户价值的评分，从而对用户价值高低做出排序，对用户接受营销活动信息的难易程度做出评估。通过评分高低可以决定对用户进行营销活动宣传的力度大小，推荐产品的细分种类，有效提高用户反馈率。

3. 了解用户的浏览历史数据

对用户的历史购买记录以及浏览轨迹数据进行分析，可以对以往用户接受的促销活动有一个系统的了解，包括促销折扣比例、商品原价、折扣金额、能否退款、产品风格等信息。这对于预测用户的可能兴趣点有重要意义。当然，这是一个相对复杂的工作，一旦运用得好可以收到非常好的效果。

4. 添加"不喜欢"功能

企业应该考虑在行销活动信息推荐的商品旁边为用户添加选择"不喜欢"的功能。在个性化推荐中，收集用户喜欢的商品具有很高的价值，而收集用户不喜欢的商品同样拥有重要的价值。假设用户表示他不喜欢西餐厅的午餐，可能比他购买了一份日餐午餐透露出的信息还要多。

公司使用智能数据不仅可以为用户提供更好的服务，还减少了在传统意义上市场调研所花费的固定费用。良好的大数据支持无须扩展劳动力，甚至招收一个新员工。

今后，越来越多的公司将投入更多精力在数据收集工作上。将用户数据透明化，更恰当地使用收集结果是各大公司共同的努力方向。最根本的是，将控制权交给用户，为用户提供更多更好地选择，让用户明白自己的数据信息是如何被应用的。

五、脸书用户的情绪数据

2015年9月16日，脸书（Face book）的创始人马克·扎克伯格（Mark Zucker berg）表示："用户对'踩'按钮提出的问题已经有很多年了，最终，我们将致力于这方面的开发，尽可能开发出能满足更大规模用户群需求的产品。"脸书正在计划公开测试的一个与"赞"按钮表达情绪相对应的新按钮，以便能帮助用户表达更多样化的情绪。例如，当用户看到让人心痛的内容时，用户可以通过此按钮去表达自己的负面情绪。

脸书是美国一个提供社交网络服务的网站，单日用户数已经突破十亿。扎克伯格的团队一直致力于对用户行为数据的研究分析，从而达到发送针对性广告的目的。用户行为包括点赞、分享、评论以及点击页面情况等。在互联网时代，各大互联网巨头拥有海量用户数据信息，而脸书赖以生存的基础就是用户的情绪数据。

（一）脸书用数据看恋爱

大家知道脸书是怎么玩转大数据的吗？脸书在博客中宣称，利用用户的情绪数据，脸书可以判断用户是否恋爱、何时开始恋爱、何时跟别人约会以及何时分手。也就是说，脸书可能比某些情侣更早地察觉到他们之间萌生了爱意。

无论是传统的线下情侣交往，还是社交网络中的用户确立恋爱关系的过程都会经历"求爱"的阶段。美国研究员卡洛斯·迪乌克（Carlos Diuk）认为："随着时间的推移，社交网络中的用户在求爱期发帖会明显增多。而一旦确立了恋爱关系，两人在对方脸书留言板上发的帖子都会减少。因为热恋期的情侣总愿意花更多时间在现实生活中相处。"

脸书通过分析大量的用户情绪数据，得出这样一个结论：用户在成为情侣之前的100天里，即将坠入情网的两人发帖互动越来越频繁。而两人正式确立情侣关系后，相互发帖数量越来越少。相恋的两人发帖数量的最高峰在正式确立情侣关系之前的12天里，平均每天发帖数为1.67；而确立情侣关系以后的10天里，两人平均每人每天发帖数为1.53。

出现这个现象的原因与迪乌克的描述相符，情侣在度过求爱期以后，双方共处的时间增加，在线互动自然就少了。迪乌克说，脸书的用户数据还显示了另外一个有趣的现象，即用户在告别单身之后，情侣之间普遍爱意大涨，互动的内容会越来越甜蜜，传递正能量。

脸书非常喜欢利用用户的情绪数据玩转数据分析。2012年，脸书就开始收集用户主动公开的感情数据对数据分析做出尝试。当时，脸书通过让用户分享自己的收听习惯积累了大量用户收听音乐的习惯数据。拥有八卦心的脸书团队将情感关系和音乐这两个概念巧妙地融合在一起，开始了数据挖掘工作。

最终，脸书找到了用户进入一段恋爱关系后喜欢收听的歌曲以及分手后喜欢播放的歌曲。2012年情人节当天，脸书发表了一个有趣的歌曲排行榜，取得了很好的传播效果。

脸书将分析结果用在基于数据的推荐引擎上，给了用户更优质的用户体验。脸书还利用各种数据分析的推测结果建立了新的社交服务功能——向用户提供最契合心境的曲目。

脸书对用户情绪数据的价值挖掘获得了成功。不久之后，脸书还将采用一项全新的监测手段，不仅能够准确地收集每个用户的行为数据，还能预测用户行为背后的情绪信息。这些新的数据将丰富脸书的海量数据。

脸书的这项方案目前还在试验中，不会大面积推广。由此收集到的数据是否可靠且有价值还无法下定论。未来，脸书一旦发现这项监测手段的好处并对所有用户实施监测，所面临的用户隐私方面的问题将亟待解决。对此，脸书承诺："我们绝不会向脸书以外的任何人分享用户的情绪数据，也不打算通过它来收取高额广告费。"测手段的好处并对所有用户实施监测，所面临的用户隐私方面的问题将亟待解决。

据《华尔街日报》相关报道称，脸书正在开发的这项方案对用户行为的监测在目前的互联网行业中没有出现过，而普遍流行的监测方式是通过开源的Hadoop框架进行用户数据分析。相关数据表明，脸书在最近的几年里已经收集分析了超过300PB（1PB=1024TB，

1TB=1024GB）的数据信息。

（二）脸书全方位运用情绪数据

官本·埃洛维茨（Ben Elowitz）是美国著名媒体公司 Wet paint 的执行官和联合创始人，他认为脸书应用大数据的五大领域正逐步走向成熟。脸书应用用户数据的五大领域如图4-7所示。

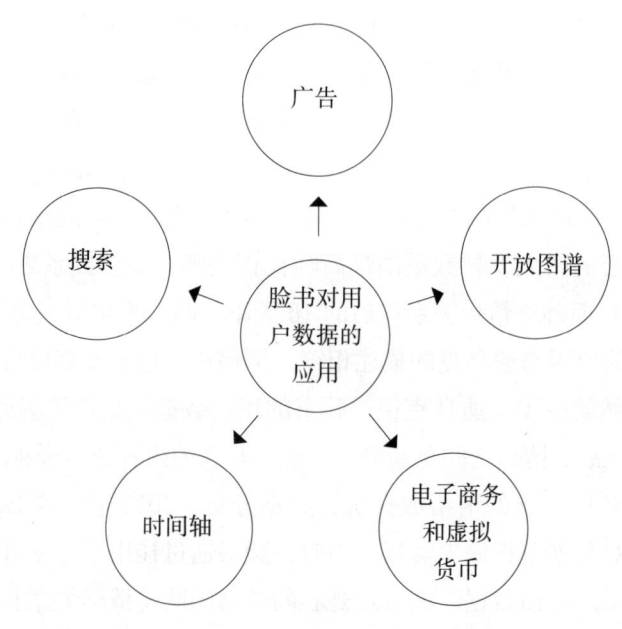

图4-7 脸书应用用户数据的五大领域

1. 搜索

很多用户将脸书当作互联网操作的必经之路。然而搜索不是脸书的优势，在搜索方面，脸书不得不把用户转向谷歌的搜索服务。但是，脸书已经在努力改变这种局面，因为谷歌的搜索引擎服务并不能令用户满意。

例如，一对新婚夫妇打算去巴厘岛度蜜月，这时谷歌的通用推荐常常就不如已经去过巴厘岛的用户好友的推荐更有效一些。脸书的优势在于借助用户情绪数据事先知道对用户的朋友已经去过巴厘岛事先知晓，并且对朋友已经访问的餐厅和旅游景点的情绪反馈也有所了解。基于此，脸书可以为用户提供朋友反响比较不错的餐厅和旅游景点。脸书和谷歌的推荐指南存有差异是必然的。

很明显，谷歌和脸书之间的战火已经弥漫很久了，但这并不是"搜索与发掘"之间的斗争，这是一场"交易与关系"之间的巅峰对决。所以，脸书在业务挖掘方面具有明显的优势，在纯社交搜索服务方面有巨大市场。

2. 广告

脸书一直将用户体验当作首要追求，而盈利则是附带收获。但是在该公司上市之后，每季度的财务报告都会公开发布，盈利对股价的影响使得脸书不得不对其加大重视。脸书只能通过增加广告营收益来支持股价,这既是为公司股东考虑,也是为公司员工考虑得出的结论。

脸书掌控着超过 10 亿的手机访问社交网站的人数,这些用户每天产生着大量的情绪数据,通过分析海量用户数据,脸书可以发布价值高于 Google AdWords 的新广告。

基于云计算的数字营销公司 Ignition One 的一篇报道显示,脸书的广告业务收入在 2015 年第三季度就已经高达 42.99 亿美元,相较于第二季度增幅 40%,但是同时间段的谷歌却下降了 19%。Digi—Capital 数据显示,截至 2018 年 12 月底,脸书移动广告收入达 850 亿美元,一旦脸书释放巨大的广告潜力,广告营收将再创新高。

3. 开放图谱

"占领脸书!"这有可能吗?脸书早已占领了大家。相关数据表明,用户七分之一的上网时间都用在了脸书上。脸书不仅有野心,还有潜力在未来发展成为一个真正的平台,连接所有网络中的目的地。

开放图谱只是脸书的开端,接下来,还要与发行商进行联系、进行数据访问的连接工作,以确保关系的完整化以及可执行性。但是,发行商对这些分散式的数据是毫无兴致的,原因在于需要他们自行进行分析。对发行商而言,他们需要的是一个可以连接用户的在线世界和现实世界的完整统一的运营模式。

例如,用户在脸书移动应用上获得了一张 5 美元的购物优惠券,当该用户在全市超市(Whole Foods)购买一只鸡并运用了优惠券之后,脸书会对用户产生购买行为的地点和烹调的相关信息进行快速获取。用户买完鸡回到家后,在他的个人页面上就会出现与烹饪鸡有关的信息。脸书在这方面的潜能是无限的,通过长期追踪用户行为获取的海量信息将为发行商和其他品牌所使用。

4. 电子商务和虚拟货币

脸书并没有将广告业务作为唯一的营收来源,电子商务和虚拟货币也是其营收的来源。2015 年全球电商市场规模已达到 9945 亿美元,面对如此大的市场,脸书早前就推出了购物按钮,在其社交平台上可以直接购买某些品牌的产品。如果你认为脸书对电子商务的涉猎就到此为止了,那么你就大错特错了,它在大洋洲试用了功能齐全的网络在线交易平台,这对于其他的网络平台是具有绝对杀伤力的。美国科技新闻网站 Mashable 在报告中指出,脸书的这一行为会对 eBay 网络交易平台和 craigslist 交易信息发布平台的管理层人员备受打击。可以说,脸书建立的网络交易平台相当于在社交网络内部建设了一个"淘宝"。

电子商务的交易结算方式主要是借助信用卡和 PayPal 账户实现。数字支付的演进速度一直以来都比较缓慢。对于用户的资产信息谁最有发言权?除了银行、律师、父母,再就是脸书了。事实上,脸书对用户的密码比用户自己都记得清楚。目前,脸书的业务还没有进入到用户的钱包,但未来这一切将会发生。

目前,各大互联网公司都希望成为用户的数字钱包,包括谷歌、苹果和史克威尔等。但是脸书在这方面却有着压倒性的战略优势,脸书借助开放图谱已经建立了用户与第三方网站之间关系的平台。只要用户的情绪数据被合理地用来推测，电子商务将成为脸书的主要发展目标。

5. 时间轴

自脸书诞生以来，用户体验就是公司赖以生存和发展的根本。这么多年过去了，脸书一直非常关注用户体验。现在，脸书时间轴的体验可以说是非常棒，但依然没有达到完美。时间轴还存在着两个主要问题。第一，对于预测用户的情绪、行为以及偏好等信息借助直觉比较多，容易出现偏差；第二，时间轴归纳用户的生活时对开放图谱的依赖度过高。

脸书曾说时间轴只是初始产品，他们还会研发大量的新版本，对用户的体验也会持续完善。脸书的目前表现良好，业绩数据抢眼。脸书创始人扎克伯格表示，"我们将继续致力于为用户提供良好的服务，并持续在下一个十年里为连接整个世界而投资。"

第二节　大数据识别用户的偏好

一、用户的停留时间数据表

广州某钟表企业通过阿里巴巴提供的用户数据，识别用户的偏好，以 C2B 模式生产用户喜爱的产品，由 1800 元起家的公司发展到资产近亿元。他们通过用户在网站的访问次数、停留时间等分析出用户偏好，对企业生产具有指导性作用。

阿里巴巴集团副总裁曾鸣说过一句话："未来真正的电商模式是 C2B（Customer to Business）。"C2B 是以消费者的偏好为中心形成"倒迫"式商业模式，这种商业模式可以降低企业经营成本，实现零库存。

随着电子商务领域的扩展，消费者发出的声音愈来愈强，引起各大企业的重视。要成功经营 C2B 电商模式，企业必须采取措施吸引传统制造商与他们合作，承接多品种、小批量、反应快的个性化订单。

马云认为，能够成功地运用 C2B 电商模式的企业一定是市场赢家。马云花费 10 年的时间将中国人的购物习惯颠覆，让阿里巴巴成为家喻户晓的成功企业。当各大企业还在研究大数据到底有什么用处时，马云就已经洞察先机成立了阿里金融，利用庞大的数据源，为无抵押借贷业务作风险评估，将坏账率成功控制在 1% 以内，开始用大数据改造银行生态。

（一）淘宝、天猫的用户停留时间

淘宝、天猫等网站在收集用户行为数据方面具有很大优势，他们收集到的用户微观数据非常全面，包括消费者在页面的停留时间、成交时间以及地点、交易行为统计等。通过对这些数据进行细致的分析，企业可以知道用户的偏好，并生产出满足消费者心意的产品。

淘宝网服装店推出的新品都是按照用户偏好定制的，而且每周都保持新品更新，较线下零售店每季才出新品，具有明显的市场优势。比如，北方人经常进入羽绒服的页面，而99%的北方人在长款羽绒页面比在短款羽绒页面停留时间长。其中，对白色、毛领、有拉链等羽绒服喜爱程度都将在数据中体现出来。

一般来说，用户在网站的停留时间数据是企业比较看重的用户行为数据。对于一般的网站而言，用户的停留时间与用户体验和用户吸引力是成正比例关系的，停留时间越久，说明用户对此网站越感兴趣，用户的体验也就越好。但是电商网站与普通网站不同，用户体验只是一个过程，目的是销售。

电商网站的利润决定于用户访问网站之后的购买行为。而普通网站的利润是由广告决定的。从本质上分析，用户的停留时间对两种网站的意义完全不同。如此一来，电商类网站不能将用户停留时间长作为最终目的，而是要在尽可能短的时间里转化成销售。

用户在电商网站上停留了很久时间的原因有三个，第一，网站功能性设置复杂性比较高，用户很难在短时间内执行购买行为；第二，用户对网站有疑问，信心不足；第三，用户正在对产品信息进行详细的阅览。

如果用户是因为前两个原因停留长时间，那么产生购买行为的概率会非常低，甚至他们以后再访问电商网站的可能性基本为零。如果是第三个原因，那说明网站内容做得不错。不同的停留时间需要不同的逻辑进行分析。下面列举淘宝的例子。

我们对淘宝与天猫商城的用户停留数据进行了分析，如表4-1所示：用户在逛淘宝的时候，没有明确的目标，就像进了超市，但是最终会买一些产品。而用户逛天猫商城的时候，大多是带着明确的目的去的，他们快速搜索，直奔主题并且很快就完成了购物，然后快速离开。

表 4-1 淘宝与天猫商城用户停留时间对比

网站	平均访问页数	平均访问时间	转化率
淘宝	30	30 分钟	10%
天猫	10	10 分钟	2%

通过对淘宝用户行为的分析，我们发现用户在淘宝和天猫商城的购物行为是不同的，就像同一个人在商场和超市的表现不同是一个道理的。因此，天猫商城就会比淘宝的页面风格更加简洁，服务趋向标准化，且更加优质。

（二）电商网站有效转化流量

同样的，作为票务预订类网站，用户大部分都是带着明确的预订需求来到网站的。这时，网站就应该尽全力让用户在最短的时间内找到适合的产品。对于电商网站而言，可以借助以下三个方式让用户在较短时间内实现流量转化，具体如图 4-8 所示。

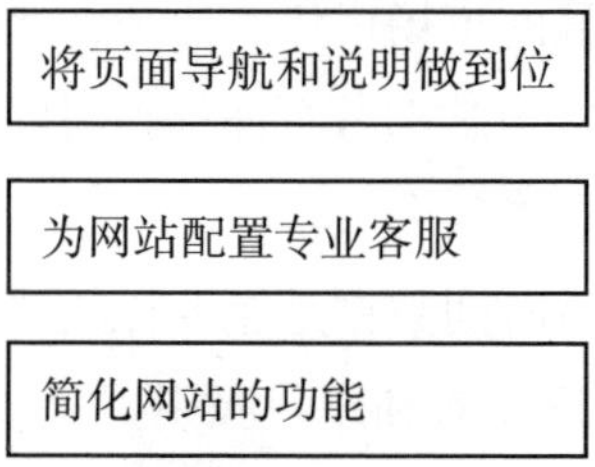

```
┌─────────────────────┐
│ 将页面导航和说明做到位 │
└─────────────────────┘

┌─────────────────────┐
│  为网站配置专业客服   │
└─────────────────────┘

┌─────────────────────┐
│   简化网站的功能     │
└─────────────────────┘
```

图 4-8　有效实现流量转化的三种方法

1. 将网页界面的导航和说明做到位

导航和说明是大部分用户进入网站最先浏览的部分，是用户快速熟悉网站操作技巧的重要途径。考虑到有一些用户进入网站是有明确目的的，网站应该提供搜索功能。用户之所以选择网上购物，主要的原因就是减少时间浪费，并且比较方便。因此，做好网站的搜索功能，无疑是缩短用户停留时间最关键的办法之一。

2. 为网站配置专业客服

电商类网站没有客服就像商店没有店员一样。当用户对感兴趣的产品有了疑虑，就会通过客服进行沟通。所以，网站配备客服是必要的，配备专业性的客服更是首要的，要在操作方法和使用技巧方面对客服进行专业化的培训，因为专业的客服不但会给用户带来购买信息，而且还会促进用户产生购买行为。

尽管现在各大电商网站都有自己的客服，但是这些客服的专业知识普遍缺乏，这就要求电商网站对客服进行适当的培训，然后才能使客服发挥出应有的作用。

3. 简化网站的功能

网站可以设置认证功能来对用户的需求进行了解和掌握。但是，如果需要填写的认证信息与招聘网站一样烦琐复杂，用户将非常不耐烦，并且失去耐心退出网站。电子商务行业的竞争形势是十分严峻的，所以一定要注意操作的简便化，否则，用户就流入竞争对手的市场中。

总而言之，在不同的网站用户的停留时间有不同的意义。网站要根据自己的性质功能正确认识用户数据的意义，并通过数据反馈的信息对网站做出有利调整。

二、Tindie 用户直奔主题的缘由

埃米尔·佩特隆（Emile Petrone）依然决然的放弃自己高薪且稳定的工作，不惜斥 50 万美元创建 Tindie 网站。Tindie 是一家专门做 DIY 硬件特卖的网站，它的客户来自世界各地，包括谷歌、英特尔、太空探索科技公司（Space X）等大公司。Tindie 成立以来的两年时间里，发布的在线独立硬件产品超过两千个，积累了极高的人气。

有用户评价 Tindie 对于硬件设计制造的意义，就像开源对于软件开发行业的意义一样

重要。其创始人佩特隆是一个疯狂的硬件爱好者,是Arduino板(一种开源电子原型平台)和树莓派卡片计算机的疯狂技师。佩特隆曾经在网上发帖描述一个专门为独立硬件搭建的在线市场的点子,并进行了实践,这就是Tindie的创建。

茱莉亚·格蕾斯(Julia Grace)作为Tindie的首席技术官,曾在IBM、美国在线、VigLink等企业任职,她分享了建设电商网站的成功经验,给电商创业者前期的网站建设提供了策略与经验(见图4-9)。

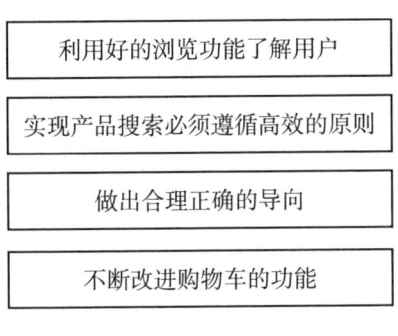

```
┌─────────────────────────────┐
│    利用好的浏览功能了解用户    │
└─────────────────────────────┘
┌─────────────────────────────┐
│ 实现产品搜索必须遵循高效的原则 │
└─────────────────────────────┘
┌─────────────────────────────┐
│      做出合理正确的导向       │
└─────────────────────────────┘
┌─────────────────────────────┐
│     不断改进购物车的功能      │
└─────────────────────────────┘
```

图4-9 格雷斯的成功经验

(一)格蕾斯利用浏览功能了解用户

格蕾斯认为,小型创业公司在初期完全没有必要急着推出搜索功能。由于在初始阶段并没有那么丰富多样的产品类别,用户对自己要搜索的东西也不清晰,因此,优化网站浏览性能更为紧迫和重要。在电子商务网站的初步建立过程中,应着重于建立网站分类系统,以便对越来越多的产品进行分类。这样不但可以为用户提供良好的用户体验,而且也可以有效避免网站陷入建立外部搜索的复杂过程中。

Tindie的综合分类系统可以实现产品目录的快速查找,这需要多次重复数据和对产品进行重复分类。Tindie发现,导流的最佳方式就是以目标群体的行为偏好为出发点。

此外,格蕾斯认为,由数据分析得出的结论不是绝对的,用户的心理变化永远比数据要快。所以,要时刻关注用户的反馈,尤其要重视能够提出实质性建议的用户,而不能仅仅利用收集的数据分析。

Tindie非常重视用户反馈,尤其是用户对网站的导航系统的评论。可以根据用户的参与互动情况对用户进行划分,例如,经常给产品点赞的就是初级用户;善于给产品发表点评的是中级用户;会给网站管理人员发私信给予修正意见的是忠诚用户。公司应该让用户有权对该网站的导航系统发表评论,但是对网站可以听从建议的用户设置高门槛。

(二)遵循高效原则的Tindie产品搜索

网站实现搜索功能有两种方式:第一种是依靠第三方应用程序界面来处理产品索引,适合资源不足以支撑从零开始建设后端、分析部门和数据关联的初建企业;第二种是建立属于自己的搜索工具。

Tindie 选择的是后者，建立基于文本且操作十分容易的搜索工具，用户只需要键入产品名称或者相关描述就可以。最初，Tindie 借助谷歌分析与 UTM（安全网关）变量来支持搜索结果，因为这样可以对流量的来源进行有效定位。不久发生了混乱，Tindie 的工作团队都不知道人们与朋友分享的链接是否来自 Tindie 的搜索框。

构建属于自己的搜索工具虽然会耗费大量的人力、物力、财力和精力，但是意义是非常大的。还有一点非常重要，网站管理人员必须清楚搜索系统是如何影响搜索引擎优化（SEO）的。

管理人员需要对平台的各种 URL 开展严格测试，以确保所有 URL 均有效。如果 URL 出现了转向，必须立即进行永久更改，并使用适当的 HTTP 反馈代码让 Google 的抓取工具知道发生了什么。

最后，我们必须对产品进行区分，增加产品搜索结果的正确率。即使搜索结果中的产品在外观上看起来相似，管理员仍然需要进行详细分类，以便客户能够在最短时间内搜索到他们想要的产品。

（三）Tindie 合理正确的导向用户

如果用户找寻产品失败，想要的产品暂时短缺，管理人员需要对用户采取挽留措施，可以向用户展示断货产品的替代品，不需要向用户发送互补产品。

此前，Tindie 根据用户的网站浏览功能创建的图像猜测用户的其他选择，它还使用 Google 分析热力图来对用户的点击行为进行追踪和记载。根据用户的产品选择，进行有效分析和研究，进而对用户身份进行猜测。借助搜集到的用户数据，以需求和兴趣为划分标准，对用户进行分类，只有这样，才能利用网站首页上的产品获取用户的心。我们可以采用以下五种方法引导用户，具体如图 4-10 所示。

1. 在购买产品前，不要强制用户注册账户

2. 避免使用促销一类的花招来骗取用户信息

3. 极简的用户体验

4. 弱化企业宣传信息

5. 洞察用户的容忍限度

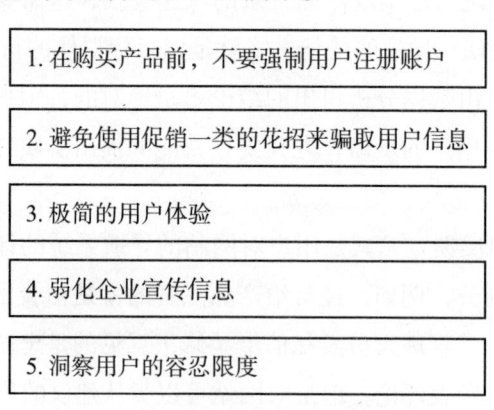

图 4-10　网站引导用户的五种方法

1. 在购买产品之前，不要强制用户注册账户

对于大部分电子商务网站而言，让用户在没有产生购买行为之前注册账户信息是毫无任何用处的。只有像亚马逊这样的大型电商才能通过这种措施加大影响力，而 Tindie 在取消了强制登录之后转化率提升了 50%。

2. 避免使用促销一类的花招来骗取用户信息

了解用户信息应该建立在用户的信任之上。进行批量交易和特价产品的网站才适合使用优惠券和折扣。Tindie 提供硬件产品的电商网站的用户都是不太关注价格的，而网站品牌的差异性也将体现在产品本身，而非折扣。

3. 极简的用户体验

如果一个网站可以让用户自由购买并且不需要注册任何账户信息，那么这个网站是根本不可能获取用户的任何信息的，另外，如果用户想要查看自己的订单记录也是不可能实现的。Tindie 建立了一个系统，它会给用户的 E-mail 发送一个网址，用户单击网址进入就可以随时查阅自己的消费记录、订单情况等信息，并且不需要登录任何账户信息。倘若用户最后使用 E-mail 进行账号信息的注册，Tindie 会把之前 E-mail 下的所以信息归纳汇总到一起，存入账户中，实现用户随时随地的查看。

4. 弱化企业宣传信息

用户去电商网站的主要目的是购物，而不是了解电商公司的相关信息。很多电商企业在网站上宣传了太多与公司相关的信息，但是没有给用户留下好印象，所以应该集中精力做好用户购买体验。当然创业企业描述团队背景和文化的页面还是有必要的。

5. 洞察用户的容忍限度

尽管用户在消费过程中接受过一些根据用户数据推送的产品，但用户心里可能会感到不舒服。电商网站应该向用户坦承自己会对他们的消费行为进行追踪和记载，目的是为了提升服务质量，完善网站系统，并且不会对用户的任何隐私行为进行侵犯，要以一颗真诚之心善待用户，并与之沟通，这样用户才能更容易放下防备心。

（四）Tindie 改进购物车，助力全球化

虽然各大电商企业在购物车方面的对战硝烟已日渐驱散，但是这不等同于放弃了网站更新，亚马逊以及其他电商网站出现后，很多企业都放弃了打造自己的购物车，因为他们认定用户已经习惯了大型电商网站的结构。

然而，大型公司有自己的竞争优势，可以凭借庞大的规模、雄厚的实力指引用户的行为，时时刻刻将用户的利益铭记于心。但是中小型规模的创业企业是不具备这种优势的，因此，他们不适合使用大型电商企业的结构。此外，支付流程也是影响转化率的重要因素。最初，Tindie 的支付结算需要五大步骤，流失率非常高。后来网站将支付流程减少到了两步，转化率有了明显提高。

如果用户群分布于全球各地，应当对支付功能进行整合；随后还要尽可能地整合其他的支付方式，如亚马逊、Stripe 或者 Coinbase（比特币交易）。企业不要轻易放过任何能提高购买率和知名度的机会。网站全球化支付应当做的准备如图 4-11 所示。

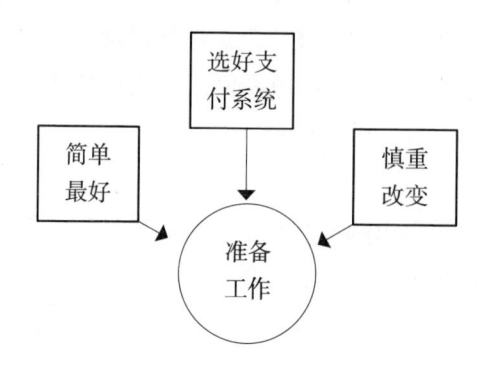

图 4-11　网站全球化支付应当做的准备

1. 选好支付系统

在网站上集成三种付款方式是明智的，接下来以网站用户数据为基础选择最佳付款方式。但是有一点需要特别注意：不要太早加入少数群体要求的或者是在某一特定区域内比较受欢迎，但是其他地区无法接受的支付方式。

初建企业成功与否，支付系统起着很重要的作用。倘若一个网站的业务布局是全球范围的国际平台，那么一定要注意诈骗情况，用户非常容易受到伤害。PayPal 或 Stripe 是比较有代表性的支付方式，并且安全防护措施特别有保障。

2. 简单最好

其实，在购物车和支付系统方面，保持简单、实用性高是最靠谱的，千万不要过度优化，容易适得其反。另外，添加一些不实用的东西，也是对资源和时间的浪费。Tindie 增加投入太多的人力、物力、财力试图推出银行卡支付功能，但是正式投入使用之后，效果并不乐观。

3. 慎重改变

改变用户购买的方式需要在工程、调试以及用户适应方面耗费大量的时间。因此，创业公司必须在添加新功能或页面之前做好用户调查分析工作，因为这会对人们的行为和消费产生影响。

格蕾斯认为"如果你是一家初创公司，对于每一个功能的添加都要充分考虑清楚。原因在于每一个微小的变动，都会对用户的行为产生影响，当然也会对最终的成交率产生非常重要的影响。开发用时、测试用时、用户调整用时，任何一个都需要做好衡量工作"。

三、大数据看用户影视内容偏好

天津影业有限公司（卡通先生）自 2010 年创立以来，连续打造了多部动画电影，培养了一大批动画影迷。《熊出没》《赛尔号》《洛克王国》《巴啦啦小魔仙》等由卡通先生陈英杰改编的 10 多部原创动画电影都夺得了各个档期的动画电影票房冠军，卡通先生因此被誉为行业内的"常胜将军"。

（一）卡通先生用数据

大数据时代数据无处不在，例如，互联网浏览、网络订票、手机搜索等用户行为，都产生了大量的用户数据。越来越多的行业开始关注大数据，如今的电影产业，也开始通过数据来预测行业流行趋势，分析用户的偏好内容。

2010年，卡通先生投资出品了根据同名儿童社区游戏改编的电影《赛尔号之寻找凤凰神兽》。据卡通先生创始人陈英杰说，之所以投资这部电影，是因为他们通过大数据分析得知这个品牌的背后有3000万的用户。

卡通先生打造的动画电影之所以每一部都得到了观众的认可，是因为电影题材的选择和发掘以大数据分析为基础。他每一次的"寻宝"活动都是根据市场需求寻找产品模型。"寻宝"的实质是大数据时代影视作品类型的市场定位。

一部成功的影视作品背后一定有着大数据做支撑。图书销量、用户人群、信息管道、百度搜索量等这些看似与影视内容无关的间接数据，实际上与用户影视偏好的内容密切相关。

创业不能只是对这些信息量庞大的数据进行简单分类，企业只有对数据进行筛选和分析才能分析出用户的成长变化、兴趣变化以及影视内容需求的变化，只有这样，大数据才能发挥出其巨大的作用。可以说，大数据能够帮助企业总结经验，预测需求，规避创投风险。

（二）《爸爸去哪儿》内容偏好

《爸爸去哪儿》节目自开播以来，每一季都非常火爆，不仅在电视台的收视率非常高，在视频网站的收视率也一直居高不下。随着大数据与视频网站内容的成功接轨，在线视频网站获得了大量的用户内容偏好数据，弥补了电视综艺节目缺少细节数据的缺陷。例如，爱奇艺对《爸爸去哪儿》海岛篇（下）进行了数据分析，发现"萌娃真心话""点球大战"等视频片段是用户最喜爱的内容。在观看这两个片段的过程中，用户的快进次数趋近于0。不仅如此，还有将40%的用户在看完这两个片段后进行了快退动作，将相关内容反复观看两遍以上。基于对大数据的研究应用，相信在线视频领域将开拓一片新天地。

在线视频内容通过互联网嫁接，将一些传统的电视传播途径不可能做到的事情变成了可能。据爱奇艺的负责人介绍，爱奇艺利用"神奇剪刀手"，对视频进行编辑，他们将这种功能叫作"绿镜"。绿镜通过对海量用户观看视频的数据综合分析，自动判断广大用户的内容偏好，将精彩内容抽离集结在一起。于是，最终的"精华版"视频就诞生了，这样的视频受到许多观众的喜欢。在线视频网站通过对用户偏好内容数据的利用给用户带来了很大的便利。对于影视制作方来说，用户内容偏好数据将为他们以后的节目制作提供方向和目标，这些数据蕴含着巨大的商业价值。

用户内容偏好数据分析比起收视率以及播放量等数据分析有明显的优势。它能够将节目视频的受欢迎程度系统全面地展示出来，甚至每一个节目、每一个视频中最受用户喜爱的片段和最不受喜爱的片段都显露无遗。因此，利用用户内容偏好分析的结果，尤其是用户对每个内容片段的不同反应，影视制作方可以优化调整设置节目环节和电视剧情节。

（三）56、优酷等视频网站聚焦大数据

"56网将利用用户内容偏好数据，为品牌内容营销模式的持续发展提供坚实后盾。"56网市场营销副总裁李浩认为，内容偏好数据分析不仅为用户和影视制作方带来了价值利益，也为在线视频网站的营销带来了惊喜。据了解，56网通过用户偏好内容分析，为广告商量身定制的优质自制节目和微电影收到了很好的宣传效果。由于更加精准的品牌营销，广告商对视频网站的营销更加信赖。

在线视频中对用户内容偏好数据的调研发挥了重大作用，广大原创作者也因此受益。用户内容偏好数据使得原创作者清楚地认识到用户想要看以及喜欢看什么样的内容，这样拍出来的视频就能获得更高的点击率。

对原创作者来说，在线视频网站就是一个平台，自己发布的视频得到的点击率越高，得到的广告分成就越多。优酷曾举办了一场盛大的"晒音乐"分享活动，引起了人们热切关注。音乐达人们通过自制音乐视频和一系列演唱会以及大赛活动积累人气，强化自身品牌，获得相应的广告分成收益。热衷音乐的原创者们通过这类活动摆脱了困境，获得了更好地发展。

据艾瑞咨询（iResearch）发布的数据显示，早在2012年5月，在线视频用户规模就已经超越搜索服务跃居第一，成为覆盖用户最多的网络服务。在所有网络服务中，用户观看视频的时长稳居所有网络服务首位，在线视频成为互联网第一大应用。互联网用户对在线视频的依赖程度不断加深。在线视频网站要利用大数据分析用户的内容偏好，还需要更多的生产资料。

1. 在线视频将不断增强内容的丰富性，而不能满足于将内容集中在影视剧方面

如今，各大在线视频网站都在向用户分享UGC（User Generated Content）指用户原创内容视频方面发力。PPS也重新升级定位了品牌，将UGC作为发力的重点之一。UGC的研究准度如图4-12所示。

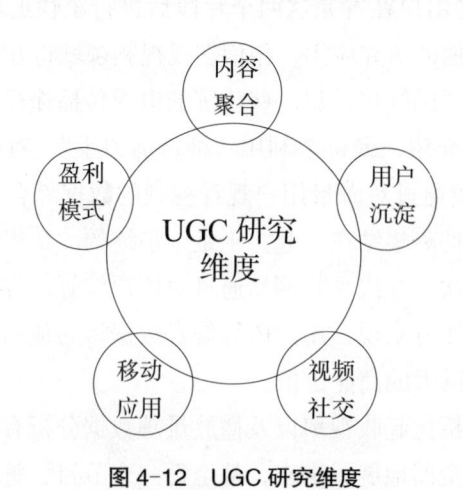

图4-12 UGC研究维度

据PPS爱频道负责人介绍，爱频道每日用户上传的视频量不低于50 000个，早已经

能与以UGC模式起家的土豆网相匹敌。2014年，56网实行了"56出品"的战略措施，并采取了一系列具体措施来丰富网站内容，例如，加大自制投入、丰富节目类型、抢占多屏，加大"56出品"的内容输出等。

2. 在线视频网站可以通过合作，扩大业务范围

内容的日渐丰富还有一个重要体现，就是央视与在线视频网站进行的频繁合作。例如，《网罗视界·拍客》是由优酷与央视《东方时空》联合打造，到2016年初它在优酷的总播放量已经超过了3 000万，甚至中央电视台新闻联播节目中部分新闻内容也直接播放了优酷拍客的作品。

在线视频的互联网覆盖人数和使用时长均领先于传统互联网服务，随着视频内容地不断丰富，通过在线视频内容提炼大数据有了越来越充足的"生产资料"。与传统的搜索数据相比，在线视频内容将体现出用户更全面的个人喜好，更容易分析出用户的行为偏好。

四、那些"为发烧而生"的发烧友们

在互联网科技的热潮兴起之初，小米科技踩中了中国大力发展文化产业的节拍，成为国产手机当之无愧的后起之秀。小米科技将网络文化与高科技完美结合，开创了一条利用互联网打造手机品牌的创新之路，形成了独具特色的发烧友极客文化。

（一）小米定位发烧友

小米成立于2010年4月6日，如今已经成功地发展为估值超过450亿美元的知名公司，打造了3个小时销售10万部手机的神话。小米的成功被奉为业界传奇，而小米创始人雷军也因出色的才能被人们亲切地称为"雷布斯"，将其视为与乔布斯一样的传奇人物。

2010年，小米推出移动终端社交工具——米聊，在这里"米粉"（指小米品牌的追崇者）可以畅聊与小米有关的任何话题，因此，米聊在刷机发烧友群体里形成了良好口碑。这些米聊用户是小米手机的最大潜在用户，而且他们中还有一些手机发烧友，这些人爱玩、爱折腾，他们把手机当作玩物，会把手机每个部件的性能分析出来与其他产品比较。小米就是依赖这些发烧友，使得初创公司小米的手机品牌一夜成名。

小米之所以定位于发烧友，是因为他们代表着消费的最前沿，是其他消费群体的榜样，经常能够引来群体的跟风。小米作为一个创业公司，利用互联网用户数据做出了手机发烧友的精准定位，为小米找到了市场上的空白点。而且，做年轻人喜欢的产品塑造了公司活泼充满活力的企业印象。

"小米手机，为发烧而生"是小米手机的广告词，也是小米的品牌定位。这样的品牌定位是以发烧友的用户定位为基础的。作为一句宣传口号，"为发烧而生"在小米的产品上也有深刻体现。小米"低价格""高性价比"的两个特点深得用户欢心。

小米手机"为发烧而生""发烧友的手机"等一类的宣传口号几乎无人不知。雷军也经常在公开场合提及苹果和乔布斯一直都是他和小米的榜样。小米最初发布的时候，曾进

行过"2000 元得到 iPhone 的体验"的宣传。

小米 2 主打发烧级四核高性能芯片,是国内首款 28 纳米芯片,并在当时主流机普遍为 1G 存储器的时候,将存储器标准提升为 2G。虽然小米 2 当时的配置算得上是数一数二的,但价格却是 1999 元的中档亲民价位。之后,小米又在小米 3 发布会上,宣布了黑白熊猫"没有设计的设计"已经终结,并通过提供多彩配色,迎合发烧友的时尚与个性追求。

小米高端的配置、漂亮的外形都是外在硬件的表现,而优质的 MIUI 系统则是小米的"内在修为",小米可谓是做到了内外兼修。

小米手机每一次新款发布,配合雷军独特的营销方式以及发烧友的定位宣传,总能够引起用户的疯抢,以至于小米总是出现供不应求的局面。而且拥有一部小米产品的用户不会因为价格的原因而产生廉价感,反而会感觉非常时尚。

(二)发烧友助力小米营销

发烧友的定位之所以捧火了小米手机,一方面是因为雷军自己就是手机发烧友,另一方面是因为发烧友可以用小米手机随意去刷 ROM(即 ROM image,只读存储器镜像的简称,是刷机所用的镜像)满足自身爱玩、爱折腾的需求,更重要的就是这个定位能满足用户内心需求。很多产品的用户定位都是简单地从使用需求和场景而来,而小米却深入用户的心理和生活状态中,寻求当前用户的心理需求,从而进行了直达人心的用户定位。

被定义成发烧友的小米用户在家人、同学以及朋友中彰显出了他们的个性。小米手机的用户画像是这样的:某城市一个小白领每天为了生存而忙碌工作,闲暇时候将自己的小米手机拿出来玩,有时还向身边的女同事秀一秀自己对手机的若干调整和高配置,头头是道的讲解让女同事们崇拜不已。晚上,他还在小米论坛中与志同道合的发烧友们探讨一下小米的各种性能指标,将各种烦恼暂时放下,享受业余生活的欢愉。

大部分小米用户的发烧程度没有这么高,他们更享受的是,自己用的手机与发烧友是一样的,就像穿着与偶像同款的衣服一样,心底得到的是一种久违的存在感。

小米在不断发展壮大的过程中,建立了以雷军为中心的企业自媒体阵营,阵营中有小米高管、员工、广大用户以及论坛、微博、微信公众号等网络平台。企业自媒体阵营的成型花费了小米 5 年时间,而接下来的时间里,它将为小米新产品的研发与营销提供有力的数据支持。

小米一直把微博、微信作为重点收集、分享以及传播信息的平台。因此,小米的营销预算大部分也都用在了微信、微博等社会化品牌营销上。雷军认为,只有真心实意地与用户互动沟通才能得到最有价值的信息,这些信息将作为公司经营的基础。

目前,小米手机官方新浪微博的粉丝有 1400 万之多,雷军的个人粉丝也超过了 1300 万。微博作为小米的主场,一直话题不断,用户对于各种话题的反馈也很热烈,这为小米取得了很好的宣传效果,而且营销成本也很低。此外,小米还一直通过分析微博用户数据对营销策略做出调整,这为满足用户需求提供了最有利的依据。

（三）"为发烧而生"的启示

小米利用社交平台上的用户数据掌握了一批"为发烧而生"的发烧友，这对其他企业来说有很大的启示。像微博、微信这类社交工具，是基于客户关系的信息分享、传播及获取平台，企业应该有效利用这类互动平台，其方法概括如图 4-13 所示。

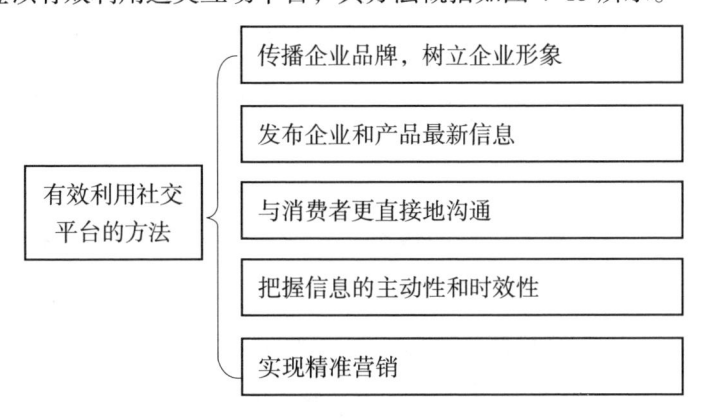

有效利用社交平台的方法：
- 传播企业品牌，树立企业形象
- 发布企业和产品最新信息
- 与消费者更直接地沟通
- 把握信息的主动性和时效性
- 实现精准营销

图 4-13 有效利用社交平台的方法

1. 传播企业品牌，树立企业形象

企业可以在社交类平台发布以文字、图片、视频等为主要形式的企业标志、品牌信息等相关内容，让受众时常接收到企业的相关信息，这能起到品牌宣传的作用。

2. 发布企业和产品最新信息

企业可以在互动平台发布产品的相关信息或者企业发生的重大新闻，让普通用户、潜在用户、产品粉丝等清楚地了解企业和产品的最新动态。

3. 与消费者更直接地沟通

互动平台上的评论、转发、私信等功能可以帮助企业与用户进行沟通与交流，从而帮助企业了解用户需求、用户偏好、用户反馈等信息。

4. 把握信息的主动性和实效性

企业在社交平台发布信息的实时性有助于企业及时将自身产品、品牌、文化、新闻事件推送给广大用户。一旦企业发生舆论危机，企业管理人员还能够及时、主动地进行舆论公关。

5. 实现精准营销

通过对社交平台用户的分布分析、聚类分析、偏好分析以及行为分析等，企业能够准确定位目标用户，然后再结合自身产品的优势实现对目标用户的精准营销。

五、谷歌的搜索识别系统

在上海某高档办公楼里，还不到早上八点，市场部门的资深员工孙小姐就已经冲好一杯咖啡，坐在自己的座位上准备开始一天的工作。每天工作之前浏览各大网站上的当天要闻，是孙小姐工作前的热身活动，这也是她多年以来的习惯。

在她浏览的几个网站里，经常会弹出一些有关汽车、服装或者旅游促销等广告，比如刚刚弹出的广告窗口：看大数据分析如何帮助你开展旅游促销活动。她非常疑惑，"大数据与旅游促销有关系吗？"

孙小姐可能已经忘记，她曾经在浏览器上搜索"旅游""促销""汽车"等关键词，通过这些搜索信息为她关联了相应的广告，并通过广告插件进行推送。可能还有很多像孙小姐这样的用户，他们不知道浏览器会利用统计分析方法的分析软件，每时每刻都在帮助他们处理着成千上万条数据。

大数据已经成为全球炙手可热的概念。谷歌曾宣称：21世纪最性感的职业非数据分析员莫属。2012年，美国政府宣布启动"大数据研发计划"（Big Data Research and Development Initiative），白宫科技政策委员会（OSTP）也着手推进这一计划的实施。2013年被称为"国际统计年"。2016年，大家看到越来越多的大数据供应商提供大数据分析服务，并为企业提供一个完整的、易于使用的、可扩展的解决方案，这能为企业省去很多麻烦。

（一）谷歌数据收集

随着"互联网+"时代的到来，很多大型企业都建立了自己的数据分析系统。企业不再像以前一样单一地简单利用收集到的信息，而是利用互联网技术从海量数据中挖掘有价值的信息。从另一个角度来说，企业不仅需要显性的信息，还要挖掘隐性的知识，并将两者结合成一种新信息，为企业经营决策提供支持。

美国IBM公司认为，企业必须建立数据分析型系统，为关键战略决策提供有价值的信息和思想，这样才能在激烈的市场竞争中占据有利地位。谷歌的搜索识别系统就是这样一个系统，而谷歌就是准确定义数据分析的公司。搜索研究公司comScore的数据表明，谷歌每个月分析处理的信息数高达122亿条。谷歌的体量和规模使它搜集到了比其他大多数企业更全面、更有价值的信息。

谷歌的搜索识别系统不仅将用户搜索结果中出现的网络连接存储下来，还会把所有用户搜索关键字的行为精准地记录下来，包括用户进行搜索行为的时间、内容和方式等。此外，谷歌还通过搜索识别系统的数据分析对广告排序进行优化改良，并将搜索流量转化为盈利模式。

谷歌对用户搜索行为的追踪，其意义不仅是挖掘其中的价值，还能够预测用户下一步将要做什么。也就是说，在用户意识到自己要找什么之前，谷歌就已经预测出用户的意图。目前，谷歌抓取、存储并对海量数据进行分析，然后据此进行预测的能力在行业内是顶尖的。

谷歌建立搜索识别系统具有两个优势，其内容如图4-14所示。

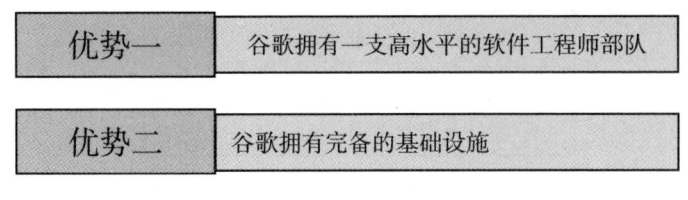

优势一	谷歌拥有一支高水平的软件工程师部队
优势二	谷歌拥有完备的基础设施

图 4-14　谷歌建立搜索识别系统的优势

一支高水平的软件工程师队伍是谷歌能够从无到有建立大数据技术的基础。而谷歌完备的基础设施，让谷歌设计的搜索引擎能够无缝链接成千上万的服务器。一旦出现更多的处理或存储需要或者某台服务器崩溃，谷歌的工程师们只需要添加更多的服务器就能解决这些问题。

此外，谷歌还将基础设施的理念贯穿于软件技术的设计之中。谷歌开发的用于大规模数据集的并行运算的编程工具（Map Reduce）和谷歌档系统（Google File System）就是两个典型的例子。《连线》杂志曾在谷歌的报道中称这两个软件系统重塑了谷歌建立搜索识别系统的方式。

如今，越来越多的企业开始使用 Hadoop（分布式系统基础架构），由谷歌编程工具 Map Reduce 和谷歌档系统衍生的一种开源产品。Hadoop 通过多台计算机的联合操作，对海量数据进行分布式处理。在各大企业初涉 Hadoop 的时候，谷歌早已将大数据技术运用到炉火纯青的地步，这让谷歌在行业中获得了巨大的领先优势。

谷歌通过将数据处理技术分享给第三方进一步开放了数据处理领域。谷歌推出的 wed 曲服务 Big Query，使用者可以利用它们对超大量数据集进行交互式分析。谷歌在这里定义的"超大量"意味着数十亿行数据。

谷歌大量的机器数据都是用户在谷歌网站进行搜索以及途经其网络时所产生的。用户每输入一个搜索请求，谷歌就会知道用户在寻找什么。用户在互联网上的所有行为都会留下痕迹路径，而谷歌占领了一个制高点来捕捉和分析该路径。

当然，除了搜索功能之外，谷歌还有更多获取数据的途径。例如，谷歌为各大企业提供"谷歌分析（Google Analytics）"之类的产品，通过这些工具，企业可以追踪访问者在站点的足迹，而谷歌也将获得这些数据。谷歌还将来自谷歌广告客户网的广告展示在"谷歌广告联盟（Google Adsense）"上，这样一来，谷歌不仅可以洞察自己客户的广告展示效果，还可以对其他广告发布站点的展示效果进行对比分析。

（二）谷歌运用大数据的启示

将海量数据收集整理分析的作用：企业不仅可以从最好的技术中获益，还可以利用最好的信息获益。企业为了发展进步，必须在信息技术方面投入大量的金钱和精力。在信息领域，谷歌通过庞大投入所获得的巨大成功是没有企业可以与之匹敌的。谷歌对大数据的运用给了其他企业很多启示，其主要启示的内容如图 4-15 所示。

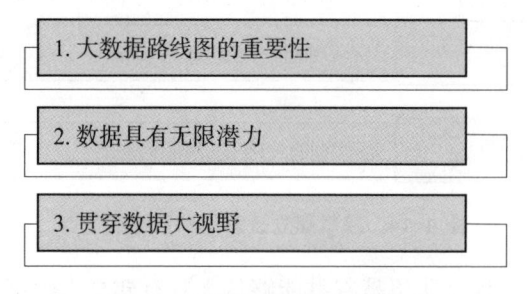

```
┌─────────────────────────────┐
│  1. 大数据路线图的重要性      │
└─────────────────────────────┘

┌─────────────────────────────┐
│  2. 数据具有无限潜力          │
└─────────────────────────────┘

┌─────────────────────────────┐
│  3. 贯穿数据大视野            │
└─────────────────────────────┘
```

图 4-15　谷歌运用大数据的启示

1. 关注大数据路线图

在大数据时代，每个企业都需要一个大数据路线图。美国产业分析研究公司福雷斯特（Forrester）估计，企业数据的总量以每年一倍的速度增长。每个企业都应该制订获取数据的战略，包括企业内部计算机系统的常规机器日志以及在线用户的交互记录。即使企业并不知道这些数据的意义，也必须收集这些数据，因为数据的价值在未来的某个时刻可能会发挥出巨大的作用。

2. 建立大数据处理系统

数据具有无限的价值潜力，千万不要随便抛弃数据。为了处理庞大的数据，企业还需要一个计划以应对数据的指数型增长。照片、实时信息以及电子邮件的数量非常庞大，由手机、GPS 及计算机构成的"感应器"释放出的数据量更加无法估量。因此，企业应该建立相应的数据收集、管理系统以应对暴增的信息数据。

3. 实时分析大数据

事实上，企业应该具备将数据分析贯穿于整个组织的能力，对数据进行实时分析。通过观察谷歌、亚马逊、脸书和其他科技领先企业，我们发现了大数据带来的种种可能。管理人员需要做的就是在组织中融入大数据战略。

谷歌、亚马逊等大型互联网企业，应用大数据进行决策已经数年有余。他们在数据处理上已经获得了广泛的成功。尽管我们很难与其平起平坐，但是学习他们的成功经验，一定会对企业自身发展起到促进作用。

第三节　品牌危机大数据实时预警

作为一场技术革命，大数据正在不断地改变人们的思维方式、行为模式以及社会组织方式。越来越多的企业管理决策人员开始利用大数据分析，提高决策的针对性和有效性，从而进行预见性管理。从这个角度来说，大数据对危机预警具有重要意义。

一、危机与机会

任何企业都不希望自己发生危机，但是危机却时刻存在。危机对一些企业来说有时是致命性的，但对其他企业可能就是一次机遇。要想抓住这一机遇，就要及时洞察竞争对手企业发生的危机，在保全自己的前提下，方能有"机"可乘。

（一）三星的危机，苹果的机会

2015年年初，苹果发布了一份靓丽的财报，相比之下，竞争对手三星电子的成绩单就逊色得多。在智能手机市场销售普遍放缓的情况下，三星电子已经连续五个季度出现盈利下滑。在2014年第四季度，苹果的发货量已经追上三星，在中国市场问鼎冠军宝座。

在智能手机市场，三星电子与苹果的竞争由来已久。2011年第三季度，苹果的全球最大智能手机生产商身份被三星电子取而代之。此后三星电子大量推出新品，率先攻占了大屏手机市场，并一直保持领先地位。随着苹果具有竞争力的创新新品推出以及本土品牌的崛起，三星电子的市场份额开始不断下滑，在这场王者之争中显露出劣势。

参与市场竞争的企业可以分为四类：领先者、挑战者、跟随者与补缺者。苹果与三星电子就是领先者与挑战者的关系。跟随者与补缺者一般追求稳定的细分市场，对于行业领袖的位置几乎没有觊觎之心，所以很少引人关注。

商业竞争容易被人们津津乐道的一般都是以弱胜强的案例，因为这种案例很大程度上体现了商战的智慧与故事性。在现实生活中，绝大多数都是领先者战胜挑战者的案例。实际上，领先者依靠先天资源优势很容易保持自己的领先地位。只要企业领导者不犯太大的错误，挑战者是很难挑战成功的，这符合市场基本规律。

领导者一旦犯下重大错误，导致企业危机，挑战者可以抓住机遇一举将其打败。例如，领导者没有意识到社会变化或者顽固保守不进行改革，任由挑战者发展壮大，最终实现超越。很多挑战者打败领导者的案例都体现了这个特征。比如，惠普颠覆戴尔、苹果颠覆诺基亚、佳能颠覆柯达等。

（二）乘"虚"而入策略

通过分析挑战者抓住机会，打败领先者的过程，企业将对商业竞争有更清楚地了解。以下主要从乘"虚"、"料"敌、"借"机、出击4个方面分析挑战者成功颠覆领先者的过程。

1. 乘"虚"：识别危机方，以便有"机"可乘

企业要利用竞争对手的危机带来的机会，应先识别竞争对手的危机是如何造成的。企业危机是由内外因素造成的，企业品牌声誉或运营受到打击与威胁，而且这种情况是不可预知的，例如，产品问题、技术问题、内部资料泄露、员工罢工、信贷风波、自然灾害、政策因素等。除此以外，很多企业的危机都来源于内部因素，尤其是高层决策人员，比如CEO本人的自满、狂妄、自我陶醉诱发企业危机等。牛顿遁入神学、爱迪生敌视交流电、

老福特死守 T 型车、苹果计算机深陷创新门等，都是人为因素导致市场和机会的流失。

2."料"敌：利用对手危机，做出必要的判断

很多公司都希望在竞争对手的危机中找到机会，但必须对各方力量进行谨慎考察，掂量陷入危机的对手。这样做的目的是考察对手是否真正被危机所困，而且还能避免自己忽略其他企业的窥伺。此外，企业还必须确定陷入危机中的对手已经没有迅速反击的能力，否则可能会"偷鸡不成蚀把米"。

掂量与自己意图相同的同行，目的在于考察有多少同行企业有此打算或者已经采取了行动，以确认自己即将采取的行动有没有分得利益的可能，否则可能会白忙一场。总之，掂量自己的意义在于判断自己是否能抓住竞争对手危机中的机会。

3.借"机"：参与"瓜分"前，要做充足的准备

对手遭遇危机后，企业应该充分分析对手危机的情况，包括产品研发、销售政策、营销策略、管理团队、财务指标等各项因素，然后对症下药。企业要以竞争对手的危机情况为基础，制订有针对性的、可执行性的市场战略。在整个环节中，企业不但要避免落井下石，而且要迅速占领在线经销商和其他管道等相关资源，以便能取得事半功倍的效果。

为了抓住对手危机中为自己公司创造的机会，企业需要向对方和利益相关方陈述自己的建议和主张，并且应尽力使其被采纳。在市场发展与竞争的道路上，到处都是企业的残骸。对于在对手遭遇危机后留下的恐慌、无奈的客户资源，企业应当尽力争取过来，以扩大企业的市场占有率，进一步丰富企业发展竞争的宝贵资源。

4.出击：快速蚕食，并进行价值链修复

利用对手的危机之势快速做出决定性的战略，在最短的时间内以最少的费用占领市场空缺。在市场和销售层面，我们要借助企业的最终分销效率进行管道资源的占领，确保产品通过管道迅速、精准地流向处于危机之势企业的原来的销售地区。

迅速占领市场区域后，同时还要在产品和服务方面多下功夫，增加其附加值，确保用户价值最大化，对受损的价值链进行修复，以此赢得用户和市场的认可。

竞争的实质是竞争和合作，不是鱼死网破。竞争对手的危难都是暂时性的，危难解决后，又会迎来新的竞争，面临新的压力。击垮对手，这绝不是一个企业成功的原因，迎合大众需求，实现消费群体利益最大化才是企业成功的真正原因，也是企业真正意义上的生存之道。

二、"7×24"大数据舆情监测

新媒体时代的品牌危机让各大企业谈"其"色变，然而大数据为企业应对危机带来了新的选择。在品牌危机爆发的过程中，通过高频次"7×24"小时实时大数据舆情分析，对危机传播的趋势进行实时追踪和识别关键参与者是企业迅速应对危机的核心方法。

大数据可以捕获负面信息，并立即启动危机追踪和警报。在整个过程中，大数据将根

据人口的社会属性分析，汇总危机事件中各方的视角，并确定关键人物和传播途径。帮助企业找到危机源头和关键节点，快速有效地处理危机，进而保护企业和产品的声誉。

（一）北信源网情监测平台分析

舆情监测和分析行业已经在中国兴起并急剧发展。舆情监测与分析是指通过大数据收集、分析、挖掘、机器学习等新型技术，对各大网站、知名论坛、微信、微博、平面媒体等媒介平台的信息进行持续监控，快速精准的掌握各种信息和网络趋势，进而挖掘事件的迹象，深入了解舆论，对公众的态度和情绪有所掌握，并参照过去类似发生的事件给予企业品牌危机提出有针对性的建议。

互联网是人们发表意见的有效途径。但是舆情服务在进行行业规范和整合的同时，面临着新的挑战。在企业品牌危机爆发之后，由于互联网用户意见表达监管措施的缺乏，企业很难在第一时间内对高价值、高质量的信息进行有效捕捉，导致企业在整个处理环节处于被动状态。企业应该给予互联网舆情应对极高的关注度，构建起"监测、回应、总结、归档"的舆情应对体系。

北信源软件公司拥有专门的数据管理部门和专业分析团队，是国内数据安全管理领域的领导者，对信息的鉴别力、萃取力、掌控力处于全国领先水平。该公司是如何利用大数据进行舆情分析服务的呢？其做法如图4-16所示。

```
1. 采集加工大数据是舆情分析服务的基础

2. 解释复杂的大数据是舆情分析服务的关键

3. 对舆情趋势的研判是舆情分析服务的目标
```

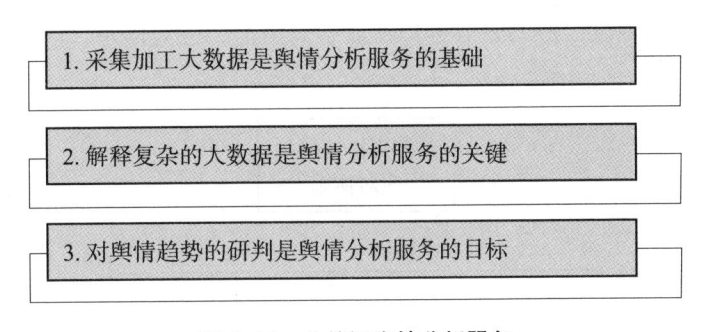

图4-16 北信源舆情分析服务

1. 采集加工大数据是舆情分析服务的基础

大数据掌握和解读舆情数据的能力将实现数据的"增值"，同时这也是实现舆情分析的基础。北新源网络监控平台拥有多线加密的隧道网络信息采集通道，并且可以借助自主开发的爬虫系统（一种捕捉网络信息的程序或脚本）自动从互联网搜集页面信息。

北信源自己研发的舆情搜索引擎可以实现全世界领域内的网页搜索，并且借助元数据搜索技术，不但可以提升信息数据采集的针对性，而且还拓展了数据开采的领域，确保舆情搜索的准确性。除此之外，北信源网情监测平台借助云计算技术实现了非重点网站的定时监测、重要网站及链接 7×24 实时监测。

2. 解释复杂的大数据是舆情分析服务的关键

科学的数据分析对数据分析的质量有直接影响，决定了舆情产品是否可用。大数据时代舆情分析的最大变量是能否对高质量、高价值、深层次的观点进行有效提炼，在庞杂的数据背后寻找到迎合用户需求的产品和服务，并进行最佳调整和优化。

北信源舆情分析引擎应用计算机文本信息内容识别技术包括文本分类、聚类、观点倾向性识别、主题检测与跟踪等。北信源舆情分析引擎以数据挖掘为核心技术，应用关联规则、决策树分类、异常检测等多种数据挖掘算法，结合相应可视化的数据挖掘模型，用预测模型对舆情数据进行预测评分，有效地保证了数据分析的科学性。

3. 对舆情趋势的研判是舆情分析服务的目标

大数据时代的舆情分析已经可以帮助企业在海量数据中挖掘信息、判断趋势、提高效益，但这还不是最好的结果。在当今信息大爆炸的背景下，人们应持续强化对舆情信息的分析和预测，将舆情分析从单纯数据收集向舆情的深入研判发展。北信源网络监测平台在智能检索分析技术的基础上，不但可以跟踪和协助解决相关舆情，而且可以在舆情分析后为企业提供决策建议。

（二）舆情监测应对体系

信息爆炸时代下的数据处理和应用需求是大数据时代最大的轰动性变化。北新源网络监控平台可以对互联网群众舆情自动实行实时监控，分析和报警功能，打破了传统手工监控舆情的方式面临的困难，协助企业客户建立起舆情监测应对体系，该体系主要包括以下内容（见图4-17）。

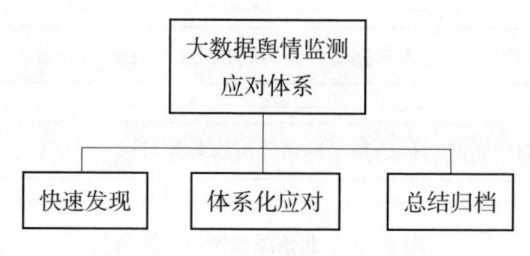

图 4-17　大数据舆情监测应对体系

1. 快速发现

许多舆情分析案例的实践显示，在互联网舆论出现后的4小时内，是对舆论控制的最佳时期，被称为"黄金4小时"。搭建舆情监测应对体系有利于企业及时发现舆情危机，利用黄金4小时有效控制舆情扩散。

2. 体系化应对

舆情监测和反应系统应该建立横向和纵向的全职队员。一旦有舆论情况发生，该团队第一时间将统一指挥，协调行动，迅速反应，保证了企业的后备力量。

3. 总结归档

舆情监测应对体系不仅在舆情爆发前、爆发中发挥作用，在舆情危机结束之后，企业还应该做好公文档案的归档工作,并对其能力进行回应和评估。后续工作有利于改善企业的管理和执行情况,有效防止相似时间二次发生,也可以预测某些类型舆情的发展态势及科学应对措施。

三、唯品会订单事件

"唯品会订单事件"发生于2014年12月5日,一部分消费者当晚抢购了唯品会正对小米的一款移动电源进行大型促销,原始售价为49元,现在的限时抢购价只需6元。到了12月8日,已经成功抢购了移动电源的消费者却收到唯品会取消订单的通知。当时,"唯品会订单事件"已经闹得沸沸扬扬,考虑到消费者投诉给唯品会带来的负面影响,唯品会最终道歉并全部恢复订单。

(一)履行订单解决品牌危机

山东临沂的周先生就是唯品会订单事件的"受害者"之一。周先生从朋友那里得知唯品会正对小米的一款移动电源进行大型促销,原始售价为49元,现在的限时抢购价只需6元。这个价格真的是十分诱人,周先生也参与了抢购活动,加上10元的运费,一个移动电源订单为16元。因为相关活动页面显示每一笔订单只能限定抢购一个移动电源,周先生前前后后总共下了10次订单,合计抢到10个小米移动电源。

周先生在12月8日收到了一则来自唯品会的消息:"亲爱的会员:由于小米移动电源为非正常售卖商品,订购此款商品所有订单已取消配送,安排返回。"周先生第一时间登录网站查看自己的订单状况,订单的最新动态显示"拒收"。周先生非常疑惑,货都没有到,自己不可能拒收。起初,周先生的所有订单都在12月6日上午运出,并于12月7日上午送到山东分拣中心,12月8日上午被送到山东拦截站返回。周先生在网上发布了他这次的网购经历,并立即引发消费者对同样经历的反馈。他们还成立了一个QQ群,共有100多位群成员,大都是成功抢购到6元小米移动电源,中途被拦截的消费者。

面对众多消费者的质疑和询问,唯品会的官方答复是:"您购买小米移动电源时,该项活动并没有正式上线,活动规则明确为12月6日10点开始,因此,此次购买行为完全属于违规购买,唯品会根据活动规则及相关法规有权取消订单,现已为您取消订单/拦截配送。"但是消费者反馈,在抢购产品的活动页面并没有出现活动12月6日10点开始任何提示。

周先生称,在收到"取消订单"的短信后,唯品会没有提退款的事情。周先生通过客服了解到唯品会将在7~15个工作日退款。周先生等消费者都很愤怒,坚持要唯品会给出合理解释,否则会运用法律维护自己的权益。唯品会客服表示公司已经有专门部门在处理这件事。

对于促销活动页面的泄露,唯品会内部也找不到原因。但唯品会的内部资料显示,有一些消费者还是赶在唯品会拦截货物之前收到了电源。周先生等人之所以没有收到货物，可能是因为他们并非唯品会的忠实客户，而是一帮善于挖掘电商漏洞的人士。因为唯品会促销活动的目的是反馈老用户，所以才会卖6元的亏本价，而且有一人限购一单的规定。但有些消费者抢了几十个甚至上百个，这是不正常的消费行为。

12月16日，唯品会正式对外发布声明表示歉意，同时强调"该活动从未正式上线，是无法通过唯品会主页或者任何公开授权的正常管道进行购买的"，因此取消了12月5日的相关订单，并进行了退款。对于一些老客户的订单，唯品会公关部人士确认已正常发货。

12月16日晚上，事情发生戏剧性变化。唯品会公关部突然发表声明："考虑到用户体验，我们对5号下的单全部重新发货。"原来，当天下午，唯品会董事会召开紧急会议，做出此项决定。董事会认为，唯品会与消费者不是对立的。尽管律师表示就算上了法庭，唯品会也不会输。管理层最终还是决定，宁愿亏掉这笔钱也要发货。

（二）唯品会公关的启发

对于已经退款的消费者，唯品会依然选择了发货，此次事件给唯品会带来了至少数十万元的损失。之前，国美、当当、戴尔等企业，都曾因系统缺陷等原因给商品错标低价，拒绝履行与消费者的合约。唯品会订单事件不同于以往，网站在法律上无须履行订单，但是唯品会却为了用户体验与自身品牌形象，坚持履行订单，这种做法是值得肯定的。从唯品会应对品牌危机的案例中，企业可以得到以下启示（见图4-18）。

唯品会公关的启发				
态度坦诚，不狡辩，不沉默	主动弥补过失，勇于承担责任	看长远的利益，高瞻远瞩	尽早解决危机，善待消费者	善待消费者

图4-18 唯品会公关的启发

1. 态度坦诚，不狡辩，不沉默

中国人重视品德。企业与消费者发生误会或者企业伤害了消费者利益，消费者以刻薄的态度看待该企业。所以，企业在为自己辩护时，不要给媒体和消费者以狡辩的印象。出现危机事件后，企业的态度很重要，既不能盲目道歉、一味忍让，也不能态度蛮横、大耍官腔，要坦诚地面对自己的过失。另外，企业的沉默，对消费者来说意味着默认和理亏，所以企业不能轻易用沉默的态度处理危机。

2. 主动弥补过失，勇于承担责任

企业作为一个公众身份，自身肩负更多的社会责任和义务，因此，当消费者的利益蒙受损失时，企业可以采取承担社会责任的方式，愿意承受损失，以此赢得消费者的理解和认可，修复受损品牌。

3. 看长远的利益，高瞻远瞩

面对媒体和消费者的质疑，企业一定要在第一时间对自己所造成的措施进行改正和补救。企业要具备清醒的意识，放眼未来，不要局限于眼前的利益。否则，企业会因小失大。

4. 尽早解决危机

企业都应当尽早结束以负面场景开始的企业危机。除非企业的公关做法足够高明、足够有说服力，确保可以将媒体和消费者的反应引领到有助于企业的气氛中，能够帮助企业获得良好的企业形象和知名度，培养忠诚客户。否则，企业就必须尽快结束危机事件，利用时间淡化事件的不良反应和负面影响。

5. 善待消费者

消费者的感情是企业宝贵的财富，如果企业做出了欺瞒消费者的事情，想再次挽回基本上是不可能完成的。企业一定要诚信经营，以一颗真诚之心认真对待每一位消费者，倘若真的做到如此，消费者也一定会回报企业，企业经营者应当谨记"诚信守法，爱心经营"的理念。

四、屈臣氏"毒面膜"

屈臣氏经历了"毒面膜"事件，而屈臣氏的危机公关之战却打得非常漂亮。2012年8月，一条"屈臣氏面膜疑致顾客死亡"的消息在各大论坛、网站等社交平台上扑面开来，引发了极高的关注度，屈臣氏也因此受到了一众消费者的质疑和声讨。

危机发生后，屈臣氏第一时间公开发表声明主动承担责任。首先屈臣氏将造成此次事故的面膜全部下架，不再销售，并将同批次面膜送往检测中心进行严格的检验。其次是与死亡者家属取得联系，向其表示关怀并征得家属同意使其配合调查。

另外，屈臣氏通过各种媒体管道实时向媒体和消费者报告面膜下架情况以及退货召回的情况，并在最短的时间内对国家化妆品质量监督检测中心的检测结果进行公布，证明面膜不存在任何质量问题。在这个公关案例中，屈臣氏的做法致使三方相互理解，成功解除了公众对屈臣氏的信任危机。

危机公关应该遵循5S原则（见图4-19），包括承担责任原则（Shoulder）、真诚沟通原则（Sincerity）、速度第一原则（Speed）、系统运行原则（System）、权威证实原则（Standard）。公关业内人士认为，将屈臣氏事件作为一次危机公关来看，屈臣氏官方微博回应仅仅能打50分。

1. 承担责任原则

优衣库的官方微博，首先承认了事实并表示"在第一时间向相关媒体平台进行举报"符合承担责任原则，但在其他方面的表现欠佳。

2. 真诚沟通原则

即使在官方回应中，优衣库也不忘自我宣传"致力于为消费者提供安心、舒适和优质的购物体验和场所",却强调让消费者遵守社会公德,而对于优衣库实体店在该事件中应负什么责任却丝毫未提及。单方面强调消费者的责任,而没有承认自身问题是缺乏真诚沟通、不顾及自己负责任的形象的表现。

3. 速度第一原则

优衣库危机公关的反应速度是迟钝的。在优衣库官方微博里,优衣库强调了自己在第一时间举报,却在第二天的10点19分才正式回应该事件,浪费了十几个小时的真空时间。在事件闹得沸沸扬扬后才回应,优衣库在舆论中站在了被动的位置。

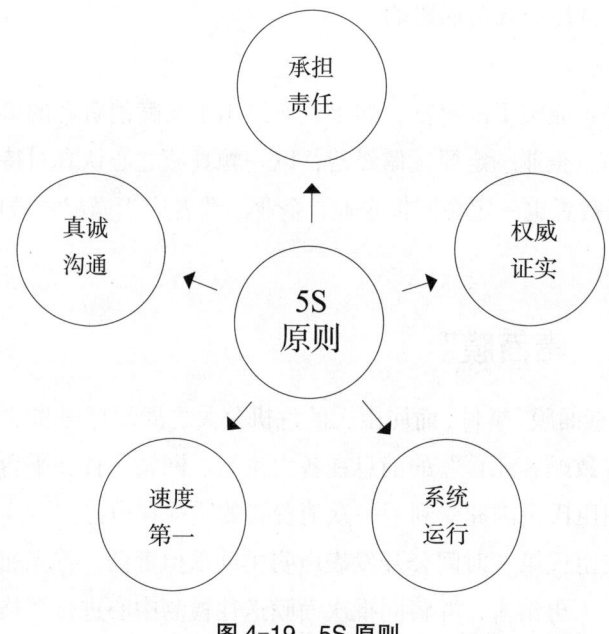

图 4-19　5S 原则

4. 系统运行原则

应对危机事件,系统地进行反击是公司具有良好的危机处理能力的体现。优衣库只在微博公开回应,却没有利用网络其他管道进行反馈,很显然,优衣库危机公关的系统运行是不合格的。

5. 权威证实原则

没有遵循权威证实原则是优衣库公关陷入被动的原因。流传的视频中有关于优衣库的声音信息,而场地是否是优衣库试衣间却存有争议。优衣库官方微博的回应等于默认了事件发生地点是优衣库试衣间,却没有说明是通过何种途径确认的,比如店员反馈、店内监控视频回放等。

没有权威证实的环节,阴谋论就更加可以借题发挥。优衣库的正确做法应该是,首先讲清事件是不是在优衣库发生的,然后说明确认的过程。直接对此回应只会产生负面效果,而公开自己为调查做出的努力可以从侧面反映出优衣库对事件原委是不知情的。

五、数据黑洞

人们喜欢技术，但更喜欢有感情的交流。人们的生活越来越数字化，被他人理解、被他人关爱才显得弥足珍贵。那些最终赢得消费者的企业，通常不是擅长利用大数据的企业，而是通过大数据对消费者付出真实情感、人性化的企业。

（一）大数据有时会失效

大数据通过分析用户行为特点来准确描述用户肖像，全面、细致的用户数据可以无限接近客户的实际情况。因为强大的数字记忆功能，大数据在一定程度上可以比用户自己更加了解客户情况。数据的"读心术"功能在电子商务网站中最为常用。

法国数学家西莫恩·德尼·泊松（Simeon Denis Poisson）说过："一旦我们承认人类行为是随机的，突然之间它就可以被预测了。"来自美国的全球复杂网络研究权威艾伯特·拉斯洛·巴拉巴西（《爆发》作者）也认为，人类行为的93%是可以实现预测的。关联预测是大数据的主要功能。例如，通过在使用离线用户行为数据，我们可以推断在一定时期内网络上所有用户的离线率。同样，有些用户想要改变手机的频率，对首选机型的预测等。

在公司挖掘客户的兴趣爱好，管道喜好等方面大数据也可以给予帮助。通过实时触发数据分析系统，系统将及时捕捉到机会，并触发企业完成相应的行动，为客户提供个性化、准确性的服务和营销，并确保迎合用户需求。有效地利用数据可以提高企业的营销效率以及客户口碑。然而，在下面讲到的案例中，大数据就不那么管用了。

为了有效利用客户数据，一位在大型银行工作的博士研究了其他行业的大数据应用，希望可以寻找可供借鉴的案例。最终，该博士将目光放在电信营业商的客户流失预测模型上。博士聘请了一位电信行业的专家，让专家构建一种可评估客户是否即将流失的模型。

博士表示，"当时，模型处于评测验证的最后阶段，很快就可以上线，而银行也通过模型预测出流失的客户，并准备向这些客户发出信件加以挽留。就在这个时候，一位内部专家提出为保险起见对模型进行评估的要求。"

这位银行专家很快发现了一件不可思议的事情：模型预测出的那些客户的确即将流失，但那些客户流失与银行服务一点儿关系都没有。尽管那些客户对银行是满意的，但他们还是选择转移财产，这是因为夫妻感情问题——需要为离婚做准备。

该博士对此感到非常遗憾："对模型的适用性、数据抽象的级别以及模型中隐含的细微差别进行分析是非常具有挑战性的。但这是大数据分析的关键之一。为了大数据项目的成功，对客户数据的应用还必须从道德、伦理和心理的角度进行思考。"

综上所述，在这个故事中，大数据分析的黑洞显露无遗。大数据时代，人们的生活由收集数据的计算机调控着。数据可以帮助人们对大脑无法解读的复杂性情境的含义进行解读,弥补人们对直觉的过分自信,但是有些事情是大数据不擅长的。

(二)大数据黑洞来源

大数据可以实现用户基本特点、行为踪迹的实时记录,但在很多情况下,用户的行为具有偶然性,用户的行为并不能完全反映其真实意图。从这种角度来看,大数据的黑洞是无法避免的,以下描述了大数据黑洞的6种来源。

1. 不能预测用户的创意和想象

大数据来自现实,但人类行为不一定受现实管控。用户的创造性思维和想象力总是不受限制,超出现实,由此决定的用户行为往往是无法预测的。因此,美国科学家维克托·迈尔·舍恩伯格(Viktor Mayer-Schonberger)直言:"大数据'算'不出来人们的创意和想象"。

大数据往往很容易对大众充满创意的作品产生忽略,当大部分的消费者对产品感兴趣时,数据分析通常这种趋势很敏感。然而,一些充满创意性且价值很高的产品在起初就被数据摒弃了,因为这类产品不是人们熟知的。

2. 不能代替人类思维

大数据通常可以提供一下解决措施方便决策人员参考,但是最终使用哪种方案、做出什么样的决策,还是要通过思维的考量自己决定。人类的决策不是一个独自存在的事件,它需要一定的时间、背景为前提条件,经过千百万年的演化,人脑善于处理背景下的现实。比如,无论故事情节和背景多么复杂,人脑依然可以条理清晰的讲述出来。数据分析则不会叙事,更没有思维浮现的过程。即便是一个简单的童话故事,数据分析也无法解释其中的思路。

3. 不能预测超越人类认知范围的事情

大数据是基于历史数据预测未来的,这也是大数据的主要功能。但是大数据无法对毫无预兆、超出人类认知范围的事情进行预测,这类事情就是人们常说的"黑天鹅"。一旦历史不可掌握或者根本就没有历史数据,大数据也就无计可施了。

4. 大数据掩盖了价值观念

收集的数据永远做不到最原始,因为大数据在收集、处理过程中加入数据分析师的价值观和倾向性这是无法避免的,这就在一定程度上影响了最后的分析结果。数据分析结果表面上是客观公正的,实际上数据构建到解读的过程都体现了价值选择。

5. 无法描述客户的感情

对于表达和描述用户的感受对大数据来说是有一定困难的。分析诸如人类情感、社交关系和情境关系等问题这些都是大数据不擅长的领域。大数据只能对用户的行为进行表示,它无法反映用户在做什么时的想法,什么样的背景以及用户的情绪波动。因此,大数据无法冲击用户的心理空间,理解用户价值观念的。

例如,数据分析得知客户在2018年76%的时间里与6位朋友的社交互动情况却不能分析出客户与6位朋友见面时的感情异同。因此,数据不能帮助人们进行社交关系的决策。

6. 制造出更大的"干草垛"

大数据会制造更大的"干草垛"是著名商业思想家纳西姆·塔勒布（NassimTaleb）提出的观点。随着大数据资源的丰富，统计数据上的各种相关关系越来越多，很多数据相关关系是没有实际意义的，在真正解决问题的时候可能会让人做出错误的决定。而且这种错误随着数据量的增长呈数级增长。在这个庞大的"干草垛"里，人们要发现有价值的信息被越埋越深，数据扩张带来的噪音淹没了很多重大发现。

尽管大数据拥有黑洞，但不可否认的是大数据为人们的生活带来了很多方便。企业收集客户数据的手段有很多，包括信息感知移动设备、软件目志、摄像头、麦克风以及其他科技手段。然而，在利用客户数据的时候，企业需要采取一些措施来填补大数据黑洞。

目前，大数据分析者和专家们对客户的情感依然不够重视，在讨论客户体验和参与度的衡量标准时，90%以上的人都不会提到"情感"这一词语。而情感却能够为数据分析提供必要的情景，更准确地对客户的行为、回忆以及目的进行预测。

没有情感数据，数据分析只能定义一次互动或经历，却不能找到"消费者是否会记住这次经历？"这类问题的答案。情感数据能帮助人们将事实、感知以及事实蕴意融合在一起。情感因素就是通过这种方式影响了数据回忆的预测性建模。要填补大数据中的黑洞，就必须捕捉情感数据，并将其与传统数据结合在一起。而制定获取情感数据的相关计划，细心设计数据收集过程是捕捉情感数据的方法。只有先确立这一目标，才能感知客户的情感与心声，并准确地描绘出客户的体验。

第四节　大数据发现新市场与预见未来

大数据能够发现新市场与预测未来！事物的发展变化都是有规律的，通过数据分析可以发现这种规律，洞察先机，找到新市场。例如，阿里巴巴的电商平台每天产生数亿交易额，用户们通过搜索寻找自己心仪的产品，而大量用户搜索的关键字就被阿里巴巴记录在了数据库里。阿里巴巴通过数据分析，能够发现当前热销产品，预测即将火爆的产品，并根据分析结果针对性的投放广告，提升转化率。

一、高效便捷的物流配送

物流是每年"双十一"购物狂欢节的痛点。每年"双十一"到来之际，消费者面对种类如此丰富且超低折扣额产品总是忍不住进入狂买模式，"剁手"结束后，迎来的就是长久的物品送达时间。亚马逊是全球自建物流的代表，2014年的"双十一"亚马逊给用户带来了不一样的购物体验。

（一）亚马逊的神奇物流

亚马逊拥有全球最先进的物流体系，在"双十一"期间让中国用户感受到了其"神奇物流"的魅力。为了解决"双十一"物流难题，亚马逊进入了全面备战状态，亚马逊的物流系统十分全面，几乎可以到达我国的每一个角落，每天输送里程高达10万公里，等同于环绕着地球走了两圈之多。

亚马逊的全国一体化配送网络系统为我国农村地区的住户带去了方便，因为他们可以享受同等的购物体验，亚马逊是我们国家第一个构建调拨模式的电商企业，这也就意味着，不管你身处乡村还是城市，也不管你生活在几线城市，都可以享受同等的购物、配送体验。只要亚马逊库房有货，无论是哪个地区的用户都可以购买。

为了全面应对"双十一"网购高峰，亚马逊为每一条运输线路都做足了准备工作，在车辆安全、车辆检修、人员培训以及危机情况应该采取的应对措施等方面都下了功夫，并且对货物的全程输送可以实现实时监控。

在亚马逊运营中心，洗发水和杯子在货架上一起摆放着。这是亚马逊独具的"随机上架、见缝插针"的摆放制度，简单地说，就是物品怎么摆放可以最大限度地减少占据空间那就怎么摆放，不一定同类别的物品就要摆放在同一位置。在网购高峰期，这种摆放制度充分利用了库房的每一寸空间。

负责物品上架工作的人员会按照行走的路线和货架上的剩余空间对物品进行合理摆放，同时也会把相关信息扫描进系统。为拣货人员缩短时间，提供最便捷的路径，方便其工作的顺利开展。数据系统不但可以对货架的使用率进行有效记载，还可以结合剩余空间和物品参数，为上架人员自动推荐可以摆放的区域。亚马逊的这种独特的物品摆放准则实现了每张订单节省了3分钟，效率提高了3倍。

亚马逊的物流系统内有一套计算模型，一旦消费者下单，计算模型就会以最快的速度为其推荐最便捷的配送网点。此外，亚马逊还借助消费者收货地址的经纬度信息对其进行定义，以配送人员的效率为基础推荐最合理的快递员数量与路线，做到了精准配送。

用户还没下单，快递已到家门口，并不是一种夸张说法，亚马逊利用"预测式发货"的独家法宝做到了精准预测用户订单。"预测式发货"是借助大数据对用户的需求进行分析进而实现的。通过对消费者的搜索记录、历史足迹、购物车列表等信息进行分析和研究，亚马逊会以这些信息为依据，将用户可能会进行购买的物品提前配送到相近的网点，这种行为的逻辑是满足用户需求、提升用户购物体验。

亚马逊利用庞大的数据库，能够在"双十一"之前就会消费者可能要进行购买的商品进行预估，并将其输送到就近配送网点，减少配送距离，为后期的工作开展做好铺垫工作，实现了真是意义上的"订单还未下达，商品已经送达"。

大数据的优势并不单单作用在这个方面，还可以借助大量的数据促进供应链自动化的实现。亚马逊借助大数据实现了订购时间、订购数量等数据的自动生成，还可以根据库存数据信息开展库存调配、逆向物流等工作。大数据借助完整、规范的库存管理流程帮助了亚马逊实现了库存水平的快速提升。

亚马逊的整个库房从收货到发货以及退货全部依赖于大数据智能管理系统。大数据智能化管理不仅优化了亚马逊的管理效率，还将库存准确率提升到99.9%，保证了100%的准时发货率以及98%以上的送达准时率。

（二）"递送无忧"的购物体验

亚马逊全球副总裁薛小林表示："亚马逊在中国自建物流体系至今，亚马逊就以持续的基础设施投入、先进的技术系统以及全球领先的大数据优势打造了行业有口皆碑的'神奇物流'。亚马逊现已实现了营运中心、干线调拨支线到'最后一公里'的一体化运行。面对"双十一"，亚马逊中国已经做好了充分的准备，确保用户买得好更拿得快。"

亚马逊依托先进技术在中国设立了保障机制，包括需求预测、配货规划、运力调配以及最后一公里配送四个方面（见图4-20）。亚马逊完备的物流系统让用户真正享受了"递送无忧"的购物体验。在物流体系的建设方面，中国本土电商应当吸取相关经验。

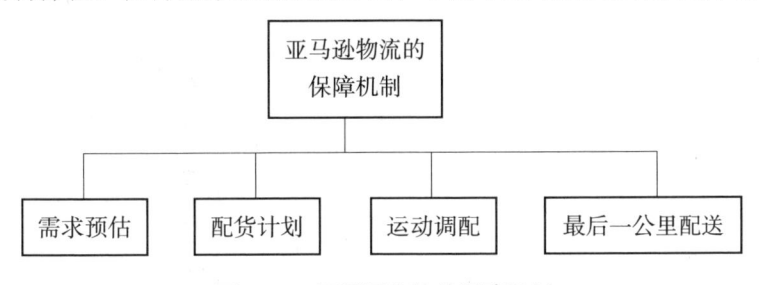

图4-20 亚马逊物流的保障机制

1. 需求预估

电商企业应该利用好热门的大数据，对"双十一"的输送数据进行有效预估，提前准备好客户可能要下单的产品，快速、精准的以量化的方式将预估转变成对实际运营的执行，为实际运营做好铺垫工作。亚马逊在这方面遥遥领先于其他电商企业。

2. 配货规划

为了更好地保障物流畅通，电商企业应该以消费者的倾向性需求为依据，提前调配产品，实现"订单未下达，物品已在输送途中"，事先将物品输送到就近配送网点，这样就能保证用户在第一时间收到货物。

3. 运力调配

亚马逊物流体系在中国的全网络覆盖花费了大量的人力与物力资源，中国本土的电商企业大多没有亚马逊一般的实力，但也应该尽最大努力对物流运力加强准备。电商企业可以提前进行安全、检修、员工的培训及应急方案等工作。

4. "最后一公里"配送

企业应更加关注自营物流与"落地配"的无缝衔接，为各个区域的"落地配"合作伙伴提供运营能力方面的帮助，主要在中心容量分配，班次运送能力、运营速度、人员数量和效率以及物流信息反馈失败等方面提供扶持。除此之外，在亚太经合组织时期，亚马逊在北京实施了一种结合多种出货方式的特殊交付模式，实现了物品交付的准时性。

亚马逊是自建物流体系的最先发起者和领头羊，一直以来也都是行业的引领者。亚马逊在中国发展的十几年里，为中国用户提供了各种人性化的配送服务，并依托技术创新优势不断创造着"奇迹"。

二、大数据客户价值挖掘

2015年6月4日，家住上海的刘女士收到了华润集团旗下乐购中国超市邮寄来的包括老干妈、啤酒与二段奶粉的优惠券。吴女士非常惊讶，因为她非常爱吃老干妈，啤酒也是她丈夫喜爱的品牌，而她6个月大的婴儿一段奶粉也即将吃完，正式升级为二段的时候。其实这一切并非巧合。

（一）乐购中国的深挖客户价值

长期以来，乐购中国始终坚持收集分析客户消费行为数据，据悉对每一个会员的个性化需求做出预测，通过优惠券的形式挖掘会员客户的终身价值。就像人们借助显微镜可以看到微生物一样的原理，乐购中国的连锁超市公司通过大数据实现了对消费者需求的掌握。

随着电子商务的流行，传统零售业的利润越来越低，但是运营所需要的投入却越来越多。我国最大的零售商华润万家在重组乐购中国一年后，开始利用乐购中国强大的数据分析挖掘能力推行一场数据变革。

上文提到的吴女士其实是在两年前，去到了距离家里最近的乐购超市进行购物时得到了一张会员卡。在中国，超市会员卡的应用是非常普遍的，但一般只有积分和打折的简单功能。乐购中国却利用会员卡对客户的消费行为进行了记录，包括每次消费的产品总量、偏爱产品类型、产品使用频率等。随着客户数据不断累积，乐购中国对客户需求、习惯和偏好的预测也在不断对焦中变得精准。

乐购中国始终坚信一种理念——客户的消费数据代表着客户类型。例如，一个男性会员购买面包、火腿肠、啤酒等速食品的频率比较高，那么可以推断出他肯能处于单身状态；倘若一位女性常常购买尿不湿、婴儿奶粉等物品，那么她可能是一位新手妈妈；如果一个家庭妇女购买保健品、益智类玩具的频次比较多，那么她的家庭可能是三代人共同生活。

乐购中国也因为大数据而挖掘了许多商机。乐购中国的企业数据库包含超过1000万乐购中国会员的消费数据记录，会员会根据不同的标准分成不同的组别。划分的标准也是各不相同的，其中一些根据忠诚度分为忠诚型、机会型和损失型；根据消费能力分为高水平、中水平，低水平三档，还有的根据购物习惯分为数码潮人、时尚辣妈，进口商品爱好者等。

最初，吴女士购买最多的产品是化妆品和服装，符合未婚女性的消费特征；半年后，吴女士开始购买男士服装和鞋袜以及生鲜、酱油等厨房用品，这时符合初为人妇的女士消费特征；直到2013年上半年，吴女士开始大量购买怀孕的用品，乐购中国将其划分到孕妇的分类中。

个体客户的消费数据看上去并不是很有用，但是全部客户的数据汇总就可以产生一个金矿，最重要的是开矿的方式和管道。消费数据的获取和分析可以通过消费者行为来对用户的需求进行识别、分类，进而可以明确这类消费者的个性和共同性，从而提供准确的消费指引。

乐购中国最看重的一类会员就是被划为孕妇组群的会员。顾客在怀孕期间消费的行为习惯是十分显著的。从怀孕期间对护肤品的需求，辐射防护到生产后的奶粉和尿布的消费，玩具和童装在成长过程中的消费，很容易确定孕妇的消费特征。

"乐购中国通过对孕妇信息的采集、分析，可以准确判断婴儿奶粉的食用进度，对客户进行提示、引导。在某些方面大数据可以有效地挖掘客户价值。"乐购中国超市的一位员工表示，很多女士第一次怀孕并不清楚自己需要什么，而乐购中国超市为她们邮寄的优惠券可以有效地提醒孕妇所需，使她们产生"对了，我正需要这件商品"的想法。

很多人认为大数据分析就是服务器中充满运算法则的枯燥计算，实际上大数据分析就像出海捕鱼一样有趣。在茫茫大海中，大数据能够精确地告诉渔夫在何处撒网可以捕捉到大鱼。可以说，大数据在现实商业社会有不可估量的价值。

如果一个被分至高端消费群体的顾客经常购买厨房抹布，大数据将会推高级厨房用纸给他；情人节将至，大数据将向单身男女发送鲜花、巧克力券；每当产品打折时，习惯了节省的客户将收到降价信息。

每隔60天，乐购中国就会根据消费者的消费数据为客户挑选10张相关的商品优惠券和2张"满立减"的优惠券邮寄给消费者。基于大数据分析发放的优惠券有效回收率高达25%，而同行只有2%～5%。自2007年乐购中国实行会员制后，每年发出的优惠券多达一亿张。

乐购中国还利用大数据创建了十几家客户细分俱乐部，并实现了深度营销。主要包含单身男子的"足球俱乐部"，新手宝妈的"母亲俱乐部"等。超市会根据不同的俱乐部发布不同类型的杂志，并在杂志的内容主要围绕这部分人群最关心的物品促销信息和相关活动。

大数据分析、精准化营销，归根结底是为了培养客户的忠诚度。因为忠诚客户是任何一个企业最为宝贵的财富。乐购中国利用大数据测算出，在上海，平均每人每年在超市购物的花销约为1000元，如果在乐购中国超市消费超过500元就可以称之为忠诚客户。一个忠诚客户为企业创造的价值相当于7个普通用户的价值，超市要想提高利润率，就应该致力于提高客户的忠诚率。

业内人士认为，在采购方面，沃尔玛是佼佼者，而销售方面，乐购公司是非常了不起的。全球最大的管理咨询和技术服务供应商埃森哲中国公司总监钱冰认为："在全球零售业,乐购公司的会员制是最成功的,乐购的秘诀就是通过大数据分析过往消费记录预判每一名用户的潜在需求,从而进行个性化营销。"

当客户收到含有大量需求产品的优惠券时,客户会认为超市非常理解自己,非常用心地提供私人定制化服务,而不是一味地推销客户不需要的产品。

(二)乐购中国利用大数据经营管理

现在,只是大数据时代的初始期,大数据对客户价值的挖潜仅是沧海一粟,乐观中国不但对客户实现了准确营销,而且也为中国零售业提供了宝贵经验。乐购中国超市的成功源于理解客户人性,为其提供了人性化的简捷服务,其成功主要来自以下3个方面(见图4-21)。

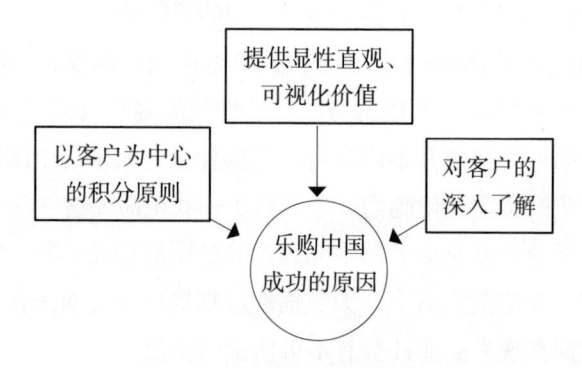

图 4-21 乐购中国成功的原因

1. 以客户为中心的积分规则

乐购中国超市会员制本着以客户为中心的原则,让客户花最低的成本就能够了解其积分规则。乐购中国超市积分规则的本质是让客户从在乐购中国超市消费的数额中得到1%的奖励。因此,积分设计的目标不应该是全面合理科学,而是通过有效性让客户喜欢并容易接受。

2. 提供显性直观、可视化价值

乐购中国超市会定期将客户累积到的奖金换成"消费代金券",邮寄到客户家中,为客户带来显性化价值。同样的价值是否具有可视化特点给人的感受是不同的。例如,同一个客户对相同金额消费的不同方式感觉不同,用现金消费时客户的自控力更大,而刷卡消费容易花得更多。

3. 对客户的深入了解

乐购中国超市的客户数据库拥有质量高、数据精准的客户数据,知道中国有多少家庭每星期花费多少钱买水果,知道哪个家庭喜欢苹果,哪个家庭爱吃橘子。另外,乐购中国还为细分客户设立了十几个不同的俱乐部,针对不同客户展开地深入营销不仅提升了超市的知名度,也受到客户的欢迎,从而为超市带来了很高的销量。

三、用大数据的眼光看世界

大数据就像石油、矿产类能源一样蕴含着巨大价值。随着大数据应用的普及,大数据被人们视为一种新生产要素和巨大的经济资产。大数据要迎来一次重大转变,同时也意味着新的生产力增长和消费者剩余浪潮的来临。大数据的作用日益显著,不仅可以帮助政府管理国家,还是商务经营的法宝、未来就职的热门。

(一)大数据预测未来及应用

随着数据的爆发性增长,人们获取信息数据的管道越来越多。然而通过分析挖掘海量数据的价值去预测未来,却是常人想都不敢想的事情。由于数据收集、存储、管理和分析等过程没有了技术的制约,越来越多具有挑战精神的科学家、分析师、企业管理者以及创新企业开始对这方面进行尝试。

来自微软的埃里克·霍维茨(Eric Horvitz)和以色列研究所的卡瑞·拉丁斯科夫(Kira Radinsky)两名科学家进行了大数据预测未来的研究活动。研究数据包括纽约时报22年的报纸、维基百科以及其他90家网站资源。两位科学家希望他们的研究能够对阻止疾病暴发、社会暴乱及死亡有所帮助。

两位科学家的研究成果《挖掘网络到预测未来》论文已经发表,并提到了利用暴风雨、干旱等自然灾害数据预测安哥拉霍乱暴发的方法。两位科学家通过分析得出,人们可以提前一年预测到霍乱暴发及蔓延的结论。

在此之前,CSDN云计算频道就有相关报道称研究者们利用推特和谷歌收集的数据去预测流感的暴发。2009爆发了甲型HINI流感,事实上,在流感产生之前,谷歌的研发工程师们通过对用户数据进行认真、仔细的研究和分析就预感到流感将要发生,并在《自然》杂志上发表了相关言论。

当然,谷歌预测流感的方式不是分发口腔试纸或者通过医生调查,而是建立了一个与流感预测相关的系统,专门收集与流感传播相关的数据。例如,在每天收到的数十亿条搜索指令中将"哪些是治疗咳嗽和发热的药物"等特定检索词条收集起来,并将特定词条的频繁使用与流感传播联系起来,及时判断流感传出的根源地。但是一般的疾控中心在流感爆发一两周后才能确定流感的爆发。

谷歌基于庞大的数据库对未来做出了准确预测,即以一种特定方式,对海量数据进行分析,获得了极具价值的信息与远见。由此可以看出大数据对于预测未来具有重要意义,这是一个有待人类开发的科学领域。

2012年12月,波士顿和纽约相继出现了流感疫情。美国卫生部门的官员以及应用开发人员利用大数据对流感疫情进行了有效控制,他们是这样利用大数据的。

美国疾病预防控制中心(CDC)主要负责防止流感疫情的扩散,其工作人员已经逐渐学会使用大数据了解观察疫情的变化。工作人员清醒地认识到,尽管医生是控制疫情的"主要武器"，但是当下并没有足够多的疫苗普及到大众；而且流感疫苗必须根据不同的流感病毒株研制，这样生产出来的疫苗才能有效防止流感的继续扩散。

CDC 为了确认不同地区的不同流感菌株，与科尔全球性威胁基金达成了合作，共同推出 13 周岁以上市民可以注册的 Flu Near You 应用程序，用以监测流感的蔓延程度。该应用程序每周产生的调查报告帮助 CDC 做好了流感疫情扩散的准备以及预测。同时还有一个社交媒体信息的收集网站 Germ Tracker，可以通过地图追踪流感病情的扩散。谷歌也开发了一款与 Flu Near You 相似的流感追踪器，用于挖掘搜索流感信息数据。

（二）大数据引领未来

传统的数据收集特征是以抽样代表总体，人类对世界的认识是非常简单明了的；而大数据时代运用的数据是海量的，人类对世界的认识在局部上并不清晰，但能看清整个环境与未来方向。所有原始数据看起来都不够准确、平凡无用，但是经过恰当地分析后就有可能给人们一个有价值的发现。

中英人寿通过分析人们各种各样的生活方式找出了有可能患高血压、糖尿病和抑郁症的人群。中英人寿并没有使用血液和尿样，而是对人们的爱好、常浏览网站、爱看的节目、收入等数据分析得出的结论。中英人寿的纯数据分析法只需 5 美元，却为公司在每位客户身上节省了 125 美元。

现在，诸多网站在内容设置方面对大数据的依赖程度远远超过对编辑的依赖度，大数据在寻找受到大众欢迎的新闻类型方面更有优势，在这方面数据比有经验的记者做得还好。互联网教育公司利用大数据分析可以优化课程，吸引更多的学生购买网上课程。例如，对学生在视频中播放暂停或重播的视频进行认真、仔细的研究，以找出视频不清楚或比较有吸引力的地方反馈给课程设计者。

大数据利用就是一场寻宝游戏，科学家们对海量数据进行分析，将数据的潜在价值挖掘出来，远远高于其基本用途。大数据本身是数据，并没有什么意义，挖掘处理才是大数据发挥数据价值的关键所在。

伴随着社会的进步，大数据也日趋成熟，企业在曾经累积到的海量用户数据会呈现出更大的价值。例如，现在我国对智能电网的建设就是以微观居民和企业用电两项数据为基础的；警察局对案件的捕获在很大程度上也以交通实物和犯罪数据为参照指标；政府在收入分配方面也要严格考量消费和收入指标；铁路和民航也要以客流量为凭借点。

大数据对社会发展的作用虽然很大，但并不是万能的。电子科技大学教授周涛认为，"大数据不是能解决所有问题的万能法宝。大数据是传统经济统计的补充，而非替代。基于抽样、调查、汇总等传统经济统计获得的数据仍将在经济分析和政策制定中发挥重要的作用。横向来看，传统统计方法在经济增长、税收、贸易、收入分配等领域的统计上具有主导优势，而大数据在物价、通货膨胀、失业率、消费等方面的统计上更具有优势。"

不可否认，大数据的光芒将整个世界照亮。大数据分析挖掘技术的成熟将引领人类走

四、谷歌的未来战略——Google X

互联网的高速发展让人类很多梦想都成为现实，然而对于宇宙和时间的探秘还停留在初级阶段。2015 年 10 月 23 日，美国媒体报道全球科技界巨头谷歌公司 Google X 实验室遭到曝料，谷歌正在开发一个代号为 Project Flux 的新项目。

Project Flux 项目研究的内容非常惊人，居然是时间旅行。时间旅行是一个非常吸引人的话题，几乎是所有人儿时想过的梦。谷歌相关文档并没有透露出太多的细节，只是在文档里强调，项目研究人员已经对 Project Flux 进行了测试。在未来，把用户被传送到自己指定的时间和地点将成为现实。

（一）解密 Google X

Google X 诞生之初就笼罩着神秘的光环，很多谷歌内部员工对其都没有清楚地认识，被人们称为谷歌内部最神秘的实验室。人们只知道实验室位于美国旧金山，具体地点无从得知。据说，Google X 的机密程度等同于 CIA（中央情报局），仅少数谷歌高管掌握其具体情况。

Google X 的领导人是谷歌联合创始人谢尔盖·布林（Sergey Brin）。在 X 实验室工作的人员都是来自世界各地的顶级专家。目前被曝光研究项目有无人机、无人驾驶汽车、谷歌眼镜、太空电梯等。

X 实验室的第一个重要项目是无人驾驶汽车。人们经常可以在谷歌总部附近或者 101 高速公路上看到谷歌的实验汽车。谢尔盖·布林表示，无人驾驶汽车如果能够成功研制并应用，可以避免数千起人为交通事故的发生。

X 实验室另一个研究项目是热气球联网高空项目。这个项目的意义在于将廉价热气球配上无线接收器，只要能够顺利释放到高空，就可以向发展中国家提供互联网服务。谷歌眼镜项目是通过内置可监测人体血糖芯片的隐形眼镜帮助糖尿病患者轻轻松松检测血糖含量。

这些激动人心的高科技项目存在很大的风险，需要花费很长的时间才能验证这些项目的成功。事实上，X 实验室不存在无休止的项目。研究人员一旦发现项目的方向偏离了轨道或者没有成功的可能时，就会结束项目的研发。X 实验室所有的研究人员将举行一个毕业典礼为相关项目的参与者颁发证书和一个带着字母"X"的学位帽。

谷歌创始人拉里·佩奇（Larry Page）声称谷歌需要独立思考者，"只有招到了正确的人，拥有足够大的梦想，才有可能实现目标。即便失败了，也能学到一些重要的东西。"显然，谷歌通过营造一种独立思考的空间进行创新，而 Google X 实验室的出现让人们领略到了谷歌天马行空、无拘无束的思维世界。改变世界的"魔法工厂"是谷歌的梦想，也是人们对谷歌的定义。

2011年4月，拉里·佩奇重新担任谷歌的CEO，将谷歌分成了两部分。一部分是谷歌的当下，由拉里·佩奇领导，目标是用最凌厉的竞争手段为谷歌开拓市场；而另一部分是谷歌的未来，由谢尔盖·布林（Sergey Brin）负责，目标是向外界展现谷歌的想象力以及对人类未来的关怀。

其中，谢尔盖·布林的Google X实验室研究的各类项目为人们打造了一个童话世界。比起残酷的现实，人们更倾向于虚幻的童话世界。Google X让人们对谷歌产生了更多的情感认同。

Google X实验室与其他公司的科研机构性质不同，Google X不需要根据公司的市场表现进行研发，也不需要将公司的营利机构当衣食父母。从某种意义上说，Google X实验室是没有竞争对手的，因为它的思路非常开阔，即面向未来，瞄准能够改变世界的项目。

谷歌眼镜、无人驾驶汽车、时间机器等是谷歌未来的研发项目。谷歌已经不仅仅致力于互联网搜索引擎，而是通过持续的创新，将人类社会引领向下一个阶段。业内人士认为，谷歌之所以能够拥有如今的局面，根本原因是谷歌重视创新，善于创新。

互联网时代带来了"大众创业、万众创新"的"创业热"，在大批创业者之中，有些创业者甚至没有目标和规划就随波逐流地加入了创业大军。这些创业者认为只要顺应大势去创业，就有机会成为一名优秀的企业创始人。

创业并没有那么简单，创业的本质问题是创新。对创业者来说，创新是一种"刚需"。然而，创新不仅仅是昙花一现的灵感，也不是一种新产品、新服务或一种新的商业模式。那么，创新究竟是什么呢？

（二）谷歌、丰田的创业经验

各行各业的巨头企业曾经也是一家小小的初创公司，拉里·佩奇也曾在创新问题上有过艰难的探索与选择。那么，创业者们可以从成功的创始人身上得到哪些启示呢？那些巨头企业的创新历程不会拘泥于一些具体的点去思考创新，而是通过创始人、创业团队以及成功企业的创新经验解决实际创新中的问题。一般来说，关于创新，企业需要从以下3方面思考（见图4-22）。

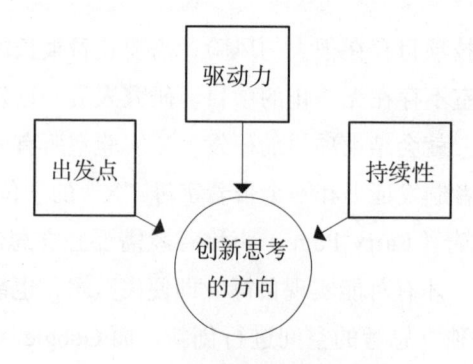

图4-22 创新需要思考的三个方向

1. 创新的出发点

创新本身可能并不艰难，艰难的是创新方向的选择。创新应该与时代的发展合拍，还要对用户有价值，然后才是通过自己的能力将其真正落实。在创新的出发点上，企业需要用科学的思维体系去把握时代和人性，做出创新选择。

丰田新能源创新战略就给创业者们提供了很好的经验。20世纪90年代初期，世界范围内发生了很大的变化，全球的各个国家都十分重视环境问题。丰田汽车很快察觉到了这次变动，并开始对汽车进行革新，主要以环境和新能源为核心，非常契合这次变革，丰田汽车对于所处的环境做出了可预测性的判断和研究，提前开展部署工作。

企业的创新行为给用户带来了什么？如果企业没有想清楚这个问题，就无法让用户为创新买单。对用户来说，不管是哪个时代的汽车，在使用方面都必须具有便利性。丰田汽车意识到新型环保汽车一定要比普通的汽车使用起来方便快捷。尽管电动汽车节能环保，但是也存在需要不断充电等相关问题。

对于汽车用户而言，加油站使他们比较熟悉且经常要去的地方，所以他们已经形成了在加油站解决续航问题的思维，用户这种长期累积而成的行为和思维是很难做出改变的。认真研究完这些问题，最后，丰田将焦点放在了混合动力技术方面。据有关数据显示，2014年9月底，混合动力汽车的交易数据已高达700万，一跃成为环保领域的先行者。丰田用自己的实际行动证明了这次混合动力创新的举措是正确的。

2. 创新的驱动力

价值观和使命感听起来是一些"务虚"的词语，实际上却是创业者和创业团队内心缺乏的东西。虽然创业公司需要通过盈利解决生存问题，但价值观和使命感是创业公司能否成为大型企业的决定性因素。

互联网是创新精神的代表领域，中国最早一批的互联网公司与谷歌几乎是在同一时间进行创业的。从一开始，我国互联网公司与谷歌之间的技术差距就非常小，但是中国企业受商业环境的影响，有明确的商业预期，盈利动机也很明显。谷歌是谢尔盖·布林和拉·佩奇等人在研究生生涯间创办的，因为环境的影响，所以在他们创立之时，就缺少商业考量，理想主义更多一点。

就是因为这一点微小的差别，才造就了谷歌日后的辉煌。一直以来谷歌都信奉"不作恶"的价值理念和"整合全球信息"的使命感，它吸纳了全球互联网领域最杰出的人才，并拥有对手无与伦比的战略高度。

3. 创新的持续性

国内很多创业公司，仅仅在口头上鼓励团队创新，但却没有创新机制保障。公司创始人总是为创新团队决定好创新方向，不给员工说出自己创新方向的机会。这样就使得公司缺乏创新能力的后劲，从而无法做到可持续性创新。

谷歌是一家实现了持续性创新的典型企业。谷歌非常重视人才，所有的谷歌员工都可以尽情展示自己的才能，并且享有很好的工作环境。同时，创新任务是谷歌员工的岗位职责之一，谷歌为员工创新留出了工作时间预算，使员工有充足的时间进行创新。

创新是一个系统思考和行动的过程，包括对人类时代和未来的思考。谷歌创业团队的价值理念与使命、创新文化与创新机制的结合，是值得我国的企业家们学习和深思的。谷歌给创业公司的启发将使创业公司从辩证学习中获得灵感，然后投身于自己的创新问题。

五、有关未来的数据，你能做什么

高德纳信息技术公司在2013年发布了商业智能和分析报告。报告指出，大数据分析是企业IT规划未来的核心，大数据引领的新的科技时代正在来临。业内人士将大数据给社会带来的改变誉为"人类历史上第三次科技革命"。

大数据中对"大"的定义始终在刷新。10年前的1GB数据就是大数据，现在的1000GB也不是很大。大数据分析的核心不是"大"，而是价值。大数据的本质就是数据，没有足够有效的分析与应用，再大的数据都没有意义。

大数据包含很多类型的资料，不仅包括传统意义上有行有列有数值或者文字的数据表单，还有视频、声音、图片、文档等。传统数据表单是一种结构化数据，其余的数据被称为"非结构化数据"。

结构化与非结构化数据每时每刻都在成倍地增加。例如，道路上的视频监控，全北京的摄像头多达十万个，全天候地记录着图片与视频。一旦发生意外情况，这些数据就成为处理问题的重要资料。

在未来，通过视频数据搜索到一张特定身影或者脸孔将成为寻常的事情。这种数据分析技术将成为启动视频类大数据应用的一把钥匙。同样，基于声音、图片或者文本的分析与数据挖掘将为人类理解数据带来革命性的突破。尽管大数据分析的实际应用还很少，大数据仍然火爆起来。

（一）大数据预测"学霸"

刚进入大学的新生对大学生活是很迷茫的，对他们来说，合理安排大学生活非常重要。大数据解决了大学新生的问题，帮助他们在大学里轻松炼成"学霸"。电子科技大学教授周涛以及国内大数据研究领域的专家们通过整合分析大数据研发出"学生画像"系统，挖掘出每个学生的生活与学习状态，对学生的大学生活起到了指导作用。"学生画像"系统也已经覆盖电子科大两万余名本科生。

电子科大教育大数据研究所搜集了成千上万名学生的行为习惯、消费等匿名数据，且进行了整合、研究和再利用。据显示，学生的图书时长、日常去水房的次数、借阅了什么类型的书籍、借了多少本、甚至他们出入宿舍的时间等等这些都包含在搜集的数据里面。研究人员首先将学生数据与实际行为相关联，预测出每名学生的学习、生活状态，从而为学生的学习、生活提供指导意见，帮助学生更好地规划学业。

通过"学生画像"系统的研究，专家们发现了"学霸"的规律，绘制出了"学霸"和"学渣"的学习生活轨迹。学霸的学习生活轨迹主要体现在以下3个方面。

1. 去图书馆和教学楼次数越多，成绩越好

研究人员通过对比大数据得知，进出图书室次数的不同，学习成绩也有差距，进出图书室次数多的同学成绩往往都比次数少的同学学习成绩要好。对于同一名学生而言，进出的次数也直接影响到成绩。例如，某一届学生数据显示，在第一学期，成绩最好的学生进入图书馆的次数为50次以上，而成绩最差的学生只有30次左右；到了第四学期，成绩最优秀的学生出入图书室的次数增加到60次以上，而成绩最差的学生下降为20次。

教学楼的情况与图书馆类似，学生在教学楼里打水的次数越多就表示学生在教学楼里活动的时间越长。某一届学生数据显示，在第三学期，成绩最佳的学生在教学楼打水次数高达100次，10次都达不到，这就是成绩比较劣势同学的数据。这也意味着经常活跃在教学楼的学生将会有更加出色的成绩。

2. 生活、学习有规律的学生，成绩更好

研究人员还对进出宿舍，去餐馆和在澡堂洗澡的本科生的相关数据进行了研究和记录。对比发现，得分好的学生比成绩差的学生更规律。以早餐次数为例，在第二学期，成绩最好的学生在餐厅吃了早餐的次数突破100次，这是成绩差的学生吃早饭的次数的两倍。

通过研究可以得知，按时吃早饭的学生，成绩会较好一些。此外，研究者还发现，经常蹲在宿舍，不怎么出去的同学他们的学习成绩是远不如固定时间出入宿舍的同学。

3. 身边朋友成绩较好，自身成绩也相对较好

通过分析大数据，我们发现优秀的人总是喜欢与优秀的人在一起，周围好朋友的成绩好，那么该学生自己的成绩也不会差。研究人员分析了学校所有本科生的"朋友圈"模块，主要涉及学校的学生朋友。

周涛教授说："两个朋友之间的关系越亲密，一起行动的概率越大，陌生人之间是完全不会出现这种情况的。这是一个经过认真验证的结果。"在此基础上，研究人员统计了学生一起的出现情况，只要是两个人在短时间内出现在同一地点的情况，都记录在范围之内。

通过收集到的这些情况和记录，认真研究后就很容易判读出两人的亲密等级，当亲密程度达到一定等级时，那么就是朋友关系，以获得每个学生朋友圈子的信息。接下来，研究者会通过学生的基本情况，获得两人之间的关系。例如，同寝室室友、同班同学、同系同学等，以预测学生的沟通能力和偏好。研究者将学生的成绩与他们的朋友圈进行对比，发现两者的关联性极强。

基于大数据的研究成果，学校给学生提出了一些建议。

（1）应当养成学习的规律，早睡早起、跑步、吃早餐、上课，这与八点起床然后急匆匆地跑去教室的感觉完全不一样。

（2）不要天天宅在宿舍或者沉溺于网吧打游戏。

（3）每天抽时间锻炼身体，跑步或打篮球都比睡懒觉要好。

（4）进入大学应当努力提高自己的文化素质，多去教室图书馆看书学习。

（二）利用大数据，从现在做起

电子科技大学对学生数据的创新性研究利用取得了很好的效果，有效地降低了挂科率，提高了学生的整体素质。纽约时报的专栏作家布鲁克斯·戴维（David Brooks）曾说："大数据的价值之所以没有很好地体现出来，就是由于缺乏足够有效的分析。越来越多的数据带来了越来越多的相关性，大量的人力、物力去管理、分析这些数据，却不知道有一些是没有必要去管理、分析的。"

如何对大数据进行足够有效地分析，使其价值充分发挥出来？纵观世界领先企业和一些欧洲强大公司的成功案例，相关人士认为，大数据分析应着眼于分析和业务决策的实际应用，进而搭建相应的数据战略，构建数据搜集、数据管理、决策等系统性的流程。为了数据而数据的做法是起不到任何作用的。

当前，几乎所有的行业，电子商务，汽车，移动和化工行业都在着手开展基于数据分析的应用。例如，电子商务企业借助用户行为数据的分析来完成促销和产品推荐的目标；航空公司通过根系乘客反馈数据，进而改善航空服务；汽车生产厂商借助用户维修信息数据的分析，以改进汽车硬件的可靠性增加客户的满意度；手机公司通过手机销售量预测数据分析，以优化库存，降低成本。

对用户数据进行足够有效的分析之后，还需要足够有效的应用，方可获取数据的价值。企业应当有效利用大数据，放眼企业未来的发展。图 4-23 所示的 3 个方面是企业努力的方向。

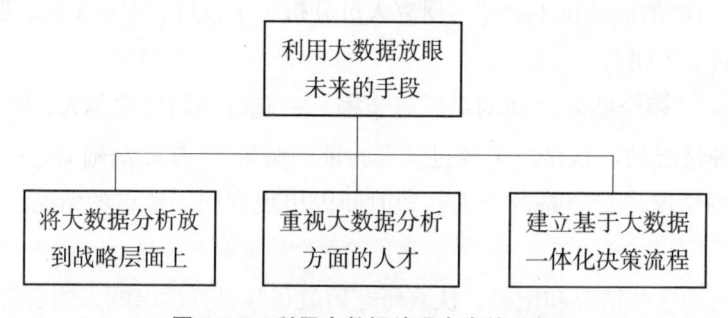

图 4-23　利用大数据放眼未来的手段

1. 将大数据分析放到战略层面上

企业必须在战略层面确立数据分析的重要性。比如，美国通用电气公司（General Electric Company，GE）的全球战略与文化就是相应的数据分析流程。除此之外，GE 还在不断推动基于数据分析的持续改进。GE 还在高端航空航天发动机研发和能源系统业务领域引入了最高水平的实验设计方法来提高研发水平。

2. 重视大数据分析方面的人才

大数据的迅速发展，数据分析业务量与日俱增，那么，统计类、分析类人才就显得尤为重要。在华尔街日报刊登的"全美最抢手职业排名"中,数据分析类职业稳站亚军宝座。对中国来说,这一类人才更是稀缺。

3. 建立基于大数据的一体化决策流程

企业应致力于让以数据分析为中心的一体化决策流程取代传统的高层决策体系。对中国企业来说,这一战略的有效执行虽然非常困难,但所有需要企业都要拿出决心和勇气,在制度层面对这一战略进行鼓励和包容。

第五章 大数据的营销价值与机遇

数据来源的丰富为我们开辟了更多的机会。企业可以找到如何更准确地从海量信息中进行产品推广的方法；他们还可以分析数百万智能电表数据以预测能源消耗并执行节能措施；还可以发现销售故障的原因以及从业务绩效信息中增加利润的空间。

第一节 大数据的营销价值

虽然是在"大数据"这个领域，但它的价值却是帮助企业办好"小事"。对于企业来说，深入理解用户的获益将表现在三个方面：建立存量客户的忠诚度、获得新增用户、创造新的产品或业务模式。

一、形成商业营销模式

根据数据资产的盈利方式和经营策略的不同，一共形成了以下 6 种商业营销模式。

（一）租售数据模式

就是对认真收集、仔细筛选且时效性比较强的数据进行出售、出租。根据销售目标的差异性，又可划分为客户增值服务和客户有偿购买两种模式。作为增值服务而言，就是为客户提供附加的服务，例如，做导航仪的公司，还可以为用户提供实时交通信息情况的服务。客户有偿购买就是把数据卖给第三方公司，例如，证券交易所把股票行业卖给业主做行情软件的公司。

（二）租售信息模式

承载一定行业特点且经过加工处理的数据集合就是信息。一般专注于一个行业，大范围收集相关数据，深入整合提取信息，配合大型数据中心加专用通信管道也可以占领巨头地位。

（三）数字媒体模式

数字媒体模式是最性感的模式，因为全球广告市场空间高达 5000 亿美元，完全具有数千亿公司种植土壤和成长空间。实时获得大规模的有效数据是这类公司的重要资源。其主要支柱是大数据分析技术，利润来源主要是营销的精准性和信息整合服务。

（四）数据使能模式

这类业务最吸引人的地方在于，假如没有海量数据和缺乏过硬的数据分析技术，这些公司的业务实际上很难实现。例如，以阿里财务为代表的小额贷款公司通过在线分析小型企业的交易数据和财务数据，可以计算出关键问题，应该提供多少贷款和多长时间才能收回款项，从而最大限度地降低风险系数。

（五）数据空间运营模式

从历史层面而言，传统 IDC 就是这样的一种模式，互联网霸主们正在提供这样的服务，但最近网盘势头猛烈。从大数据的角度而言，每个人都意识到大数据的机遇，并开始争抢个人和企业的数据资源。海外 Dropbox 和国内微型磁盘是典型的代表公司。这些公司的发展空间是可以成长为一个数据聚合平台，利润模式日趋多元化。

（六）大数据技术提供商

从数据角度看，非结构化数据是结构化数据的五倍多。任何类型的非结构化数据处理都可以重塑现有结构化数据的光辉。在语音数据处理、视频数据处理、语义识别和图像数据处理领域可能会有大规模，高增长的公司诞生。

二、建立用户的忠诚度

在分析大数据的价值之前，先来看这样一个案例。一位中年父亲气冲冲地跑到所在社区附近的超市，并对主管人员大声喊道：你们怎么能给我不满 18 岁的女儿发送婴幼儿用品的优惠券呢？主管人员并不了解事情到底是怎么回事，赶忙连声赔礼道歉，说明肯定是误会了。大概过了一个月的时间，那位父亲再次把电话打到了超市，在电话里对自己的行为表示歉意，超市发送的促销信息不是误会，它的女儿确确实实怀有宝宝了。

使用先进的统计方法，商家可以通过分析用户的购买历史，预测未来的购买行为，然后设计促销和个性化服务来防止用户流失到其他竞争对手。在上述情况中，超市通过用户在怀孕期间产生变化的模型进行商业促销。不仅如此，一旦用户从他们的商店购买婴儿产品，他们将在未来几年都会定期收到符合宝宝生长周期的产品推荐信息，以便牢牢抓住客户，防止客户资源流失。

在市场策略的实际中，新增用户的获取往往比对存量用户价值挖掘更能获得市场人员的青睐，但是，"2/8 法则"告诉我们：在一家公司中，80% 的利润是由 20% 的客户创造的。对现有客户的购买习惯认真仔细地分析，有智慧的商家可以最大限度地确保他们的市场推广投入、供应链投入和促销投入回报率最大化。

这种对数据价值的高度敏感和重视以及强大的挖掘能力，才能让企业得到更多的用户认可。

三、开发新的客户资源

公司不但可以借助数据挖掘现有用户的价值，还可以使用数据更高效地争取新用户。"社交"无疑为挖掘新用户开辟了全新的机会，而大数据技术正在革新数字世界中的营销游戏规则。

（一）社交网络信息挖掘

头脑聪明的企业完全可以借助社交网络信息实现双赢的结果。例如，银行和航空公司就可以从客户社交软件上发布的信息中，得知他们近期是否有购买机票或者更换银行机构的需求。企业完全可以从这些最自然的情感表达中抓取诸如"哪个银行申请购房贷款的手续要简单一些？""通过哪种方式订到的机票价格最低？"等。通过对这些问题的恢复，进而向用户推荐好的产品或者一些机票信息，这样的做法，不但迎合了客户的需求，也在一定程度上得到了市场的回报。

（二）实时竞拍数字广告

利用全新的数据技术，美国的 Chango 和中国的 Uniqlick 等公司正在摸索数字广告行业的新商业模式。通过了解、分析互联网用户在互联网上进行的搜索，访问和其他行为，这些公司可以向广告商提供最精准的群体，确保营销的准确性；长期趋势是将广告投放到最容易产生购买行为的群体中。这种方法不管是对于广告商而言还是发布网站的平台，都是获益的，广告商使产品的曝光率更高，网站平台也增加了广告收入。

四、创造新业务与服务

数据不但促进现有业务发挥出更大的经济价值，而且还为新业务的开展提供了更大的空间。这里介绍几个利用大数据创新的典型案例。

（一）健康领域

See Change 公司坐落于美国旧金山，它构建了一套崭新的健康化保险模式，See Change 利用对用户的健康档案、医疗报账记录和购买药品等信息的研究和分析，进而对用户进行慢性病易感性的判断，并确定客户是否有可能从一些定制的康复套餐中获利。此外，用户完成 See Change 公司制定的健康计划就可以获得相应的奖励，在整个过程中，See Change 都利用自身的数据分析引擎来实现监管和控制。

（二）零售领域

一家名叫 Retention Science 的创业公司研发了一个适用于电子商务行业公司的平台，它主要侧重于提供数据分析和营销策略，以增强用户的黏合度。这个平台的用户建模搜索引擎具有自学功能，并使用算法和统计模型来设计优化用户黏合度的策略。此平台的用户数据分析是实时执行的,以保证用户行为预测与实际用户行为相吻合;此外,一些促销策略都是基于这些行为预测动态而进行设计的。

(三)能源行业

Opower 利用数据提升消费电力的能源效率,获得了不错的成效。Opower 是一家节能数据分析公司,他与大多数的电力公司都建立了战略合作伙伴关系,主要的工作就是将美国家庭的用电支出费用与邻近用户的家庭情况做比对,每一个享受该服务的家庭,每个月都会在固定时间内收到一份具有对比性、真实性的电力使用报告,显示该家庭用电在整个美国或者整个区域所占据的位置是这个报告主要表达的内容,这一做法在很大程度上了促进了居民要节约用电量。

无论是对现有的业务进行改善,还是开发新模式,大数据都赋予企业无限的机遇,都可以为每个用户提供更好、更优的服务。

第二节 大数据的营销机遇

目前,很多企业都着手开展大数据挖掘,将数据管理视为企业未来 IT 竞争的主要力量。新一代数据中心的建设顺理成章就成了 IT 建设的核心所在。可以看出,在行业互联网这个新的 IT 时代,处于大数据时代的背景下,数据中心的建设受到了越来越多的关注度,每个人都梦想可以挖掘大数据的商机。

一、挖掘大数据的营销价值

其实,企业的每个角落都充满了各种各样的数据。每个行业的数据容量都经过了几何级的增长,不管是医疗行业,还是金融行业,又或者是零售业以及制造业。在这样庞大的数据库里,处处都隐藏着很多的商业机遇。

大数据存在着巨大的商机。对于一个企业来说,不管是已经涉足了大数据,还是正在着手准备进军大数据,调查结果都非常明确的显示:一个企业使用了大数据,另外一个企业毫无使用,那么在未来,他们各自的财务状况必然会截然不同。

所以,在当今的数字化信息时代下,企业一定要建立详细缜密的实施计划来对大数据进行合理有效的管控。

当 Twitter 都可以从自己的数据价值中获得不菲的利润,那么任何有大数据的平台都蕴含着极大的商业价值。例如,腾讯 QQ、微信、淘宝、天猫、新浪微博以及视频用户流量等都是如此。只是企业如何把大数据中的商业价值挖掘出来,并且得以合理的应用却是一个难题,这也是大数据应用的价值所在。

二、大数据已进入 4G 时代

如果说在 3G 时代,中国追赶世界;那么,当 4G 来临后,中国正在赶超世界。2013 年 12 月 4 日,国家工信部正式向中国电信、中国移动和中国联通发放 4G 牌照,从此开启了中国 4G 网络的商用时代。

"G"是单词 Generation 的简称,是时代的意思。1G 代表第一代移动通信技术,2G 代表第二代移动通信技术,依此类推。移动通信技术发展至今,已发展到了第四代,它们之间的区别如表 5-1 所示。

表 5-1 各种类型网络的区别

类别	主要服务	典型业务
1G	语音服务	语音通话
2G	语音和低速率数据业务	语音通话、短信、彩信等
3G	语音和相对快速的数据服务	语音通话、数据流量
4G	更快速的数据服务	高清视频传输、云端游戏

伴随着科学技术地不断进步,网络速率地不断提高,必然会推动各种类型的新产品的诞生。自从 4G 时代来临后,移动互联网行业也获得了更大的机遇,有了更多的发挥空间,打破了原有网速的枷锁,新兴的应用软件及平台更是风起云涌。

对于大数据来说,4G 技术就是福音,非常有益于大数据的采集、输送等。信息过多,承载压力变大,大部分数据都要在使用前进行处理,由此带来了产业链上新的商机。据有关资料显示,4G 的输送速度最高可达 100Mbit/s,这远远超于移动电话的速率,甚至是它的 1 万倍。所以,4G 的来临,必将爆发新的大数据时代。

(1)4G 投入商业使用后,大大推动了网络基础设施的建设步伐,随之而来的就是各大通信设备厂商的竞争加剧,竞争态势发生转变。

(2)极大地促进了终端设备的采买、销售等业务,在一定程度上也推动了国内设备厂商开疆扩土,走向全球。

(3)4G 业务大范围推广,将对各大运营商的业绩开展起到助推作用,利于他们革新。

(4)4G 业务的普及,在很大程度上刺激了人们对数据流量和语音通话的消费。

众所周知,4G 时代的来临,极大地提升了大数据收集和输送的速率,大数据体积容量迅速扩大,进而促进了储存、计算以及研析等功能的快速创新。4G 技术非常有益于大数据的采集、输送等。信息容量加大,承载压力变大,大部分数据都要在使用前进行处理,由此带来了产业链上新的机遇。

在我看来,目前的现有环境下,互联网起到了数据收集的作用;云存储扮演着数据归纳及保存的角色;大数据负责分析研讨;互联网就是传递管道,是信息时代的高速跑道。

三、实现营销价值的新捷径

如今，电子商务、社交媒体、移动互联网、物联网的兴起极大地改变了人们生活与工作的方式，它们给世界带来巨大变化的同时，也使一个大数据时代真正的来到。大数据相对于传统数据的优势，主要体现在数据量庞大、数据类型丰富、数据来源广泛三个方面。大数据的这三大特征不仅悄然改变着企业IT基础架构，也促使了用户对数据与商业价值之间关系的再思考。

世界知名的咨询公司麦肯锡分析了不同行业产生的数据类型，并认为大多数的行业都在生成数量庞大的非结构化数据。大数据突破了传统企业数据的领域，并撼动了过去商业智能只依赖内部业务数据的情况。背后的商业价值不容小觑。笔者认为，在大数据时代的环境下，企业必须要转变过去的固有思维，大数据未来在企业中的作用绝对不是支持者，但它在商业决策和商业价值决策中发挥着核心作用。

四、挖掘大数据的营销机会

随着技术的发展，世界已进入大数据时代，而数据背后潜藏着巨大的商业机会。一分钟内，Flicker 上会有 3 125 张照片上传，脸书上新发布 70 万条信息，YouTube 有 200 万次观赏。

笔者认为，企业要想挖掘大数据的营销机会，一方面，不能将大数据固守在自己的领域里面，要跟企业中其他的数据管理、信息分析结合起来；另一方面，在大数据的部署过程中会采用很多种的技术；最后，大数据需要共同协作和分享来降低成本和风险。围绕数据的整个产业链上，企业有以下机会。

（1）获得数据。通过把各种行为和状态转变为数据，简称数据化，这是第一个机会，这也是基础。大量个人信息数据的获得，这些基本属于新浪、微博等这类大型企业；大量交易数据的获得，也基本属于京东、淘宝这类互联网企业；小型企业基本没机会独立得到这些用户数据。

（2）汇集数据。数据的汇集是相对复杂的一个过程，但如果能把各大厂商、微博、政府部门的数据汇集全，这个机会将是极大的。

（3）存储数据。汇集了数据后，立即遇到的问题就是存储。存储数据的代价极大，原始数据不能删除，需要保留。因此，提供存储设备的企业，执行存储这个角色的企业，都具有巨大的市场机会，但是这也不适合小型企业或者早期创业者。

（4）运算数据。存储完数据后，怎么将数据分发是个大问题，各种 API（Application Programming Interface），应用程序编程界面、开放平台都可以将这些数据发射出去，提供后续的挖掘和分析工作。这个步骤也需要投入大量资本，因此不适合小型企业。

（5）挖掘和分析数据。要在转化数据的基础上展开应用，那么该如何将转化数据变为商业机会。数据需要做增值服务，否则数据就没有价值，因此数据分析和挖掘工作具有巨大的价值，这个机会属于小型企业、小规模团体。

（6）使用和消费数据。这是电子数据和转化数据的结合应用。在这个含义里面，传统电子数据变为了一种产品或一种服务。数据在被很好地挖掘和分析后，需要将这些结果应用在一个具体的场合上，来获得回报。做数据挖掘和分析的企业，必须要找到这些客户才行，而这些客户肯定也不是小型企业。

互联网从业者可以使用大数据技术来获取到消费者的之处习惯、喜好、关系圈以及整个互联网的发展态势，并对这些数据进行详细分析。此外，不仅借助社交媒体的大数据挖掘和分析将催生出大量应用，而且依托数据分析的营销咨询服务也在不断涌现。

五、企业用大数据获取优势

如今，数据分析模式正在发生大的转变，当然这一点也为企业带来了真正的机会。大数据平台让所有企业能够通过数据模式转变所提供的洞察力优势，来获得显著的竞争优势。

例如，IBM 在大数据应用和开发方面可以说是处于业界领先地位。IBM 有 500 多个编程人员和工程师，以及 15 000 人次的 IBM 客户参与，ALIBM Power Systems 全线产品均可运行 Linux。作为 IBM Power Systems 旗下的一条子产品线，Power/Linux 以通过更少的处理器数量而提供更好地系统性能，满足大数据、开源和行业解决方案工作负载的需求，从而帮助企业尽展大数据分析、洞察智慧。也许你还没有看到大数据到底有何优势，那么下面笔者再举一个典型的案例。作为全球知名硬件产品、解决方案、云计算服务的提供商——中科曙光，推出了曙光行业大数据系统，这是一个能够通过感知和度量数据，全面互联互通的系统，能够快速、智能地分析海量数据，以提高洞察力并帮助企业做出明智决策，为客户提供创新的产品和服务，如图 5-1 所示。

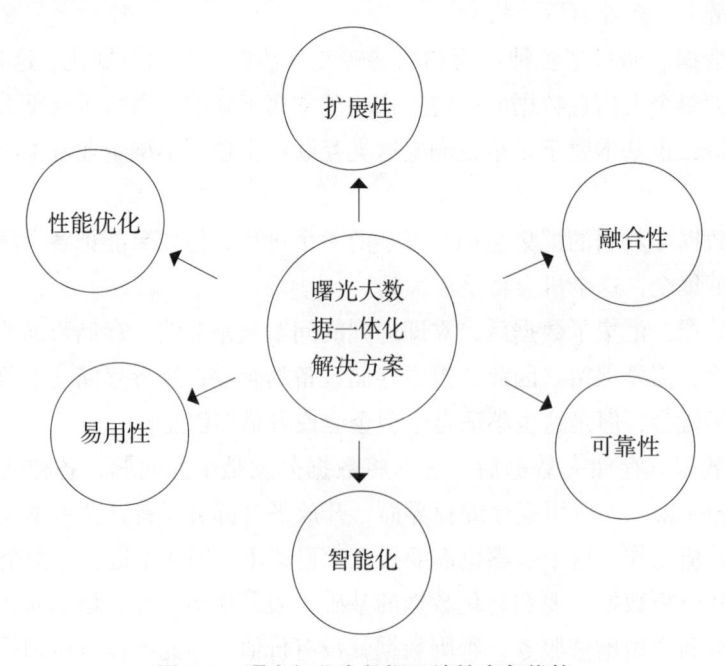

图 5-1　曙光行业大数据系统的竞争优势

六、大数据有待更深地挖掘

大数据并非新的见解，随着互联网的大范围推广，数据攀升速率增高，整个行业压力重重，传统数据库技术俨然无法满足运营商充分利用大数据的需求，在这样的环境下，大数据逐渐成为热议的话题。

大数据时代，其实就是技术的创新和数据的开采。针对运营商而言，大数据赋予的机会远远超于面临的挑战。运营商有自己的网络运行模式，也积淀了庞大的黄金数据，可以有针对性地进行客户研究和分析。借助互联网采集数据，非常利于运营商革新运作模式。

各大运营商不但可以发挥自身在运营网络平台方面的独特优势，而且还可以打破固有模式，开发大数据研究服务，移动营销等高规格大数据服务。伴随着大数据技术地不断进步、应用的大范围推广，运营商要加强大数据在数据规范化，销售精确化，服务体验完善化，业务效率提升化等方面的应用，提升运营商在企业和个人用户中的关注度。

第三节 数据的来源与营销价值

虽然各个行业都刮起了生产大数据的热潮，但是底层的支持技术是没有差别的，不同的行业也可以使用一致的大数据来源。大数据并不仅仅是单一的用处，它的影响力范围非常广，下面将探讨大数据的来源及其营销价值。

一、各行各业：传统文本数据的营销价值

日常生活、工作中，我们接触频率最高的数据源就是文本，它是结构化程度比较低的数据源。每个行业几乎都会产生文本，一封简单的 E-mail、一个精美的文案都是数据，需要对这些海量的数据精挑细选才会开采出更大价值的数据。

对于文本的研究和分析，通常都会选择从剖析文本入手，接下来再对单词、语句等赋予语义，数据文本开采过程输出的结果通常都是其他研究分析流程的开端。例如，一旦可以解析出客户使用个电子邮件的感受，那么就可以使用变量对客户的感受进行标记。

一个企业如果可以对客户的情感信息有所了解，那么很容易分析出客户的想法和态度，这一点同数据推测相仿，针对客户对某一产品的情感了如指掌是很有价值的信息。文本数据可能会对所有的行业都产生影响，文本数据有以下要点。

欺诈检测是文本数据的重要应用之一。文本分析可以将欺诈模式识别出来，标记出风险的高低。在投诉健康保险或残疾保险的情况下，可以使用文本研究技术来分析客户的意见和理由。另外，投诉也可以在一定程度上进行自动化执行。倘若系统发现投诉模式，并且语句不存有隐患，则可以认为这些投诉风险低且可以快速地进行解决。

法律事务也受益于文本分析。通常，任何法律案件在上诉前都会要求提供相应的 E-mail 和其他通信方式的有关记录。电子侦察，这是在法律案件中应用文本分析的做法，所有事先进行的分析都会有助于控方取得胜利。

二、泛电信业：社交网络数据的营销价值

社交网络数据实质上就是一个大数据源，在对其进行解析的过程中需要处理异常海量的数据集。

从通话公司的层面来说，单一注重通话数量是远远不足够的，应该把通话视为一个单独存在的实体来进行解析。

（1）有哪些人参与了通话？

（2）参与通话的人又打给了谁？

（3）下一个又会拨给谁？

希望全面了解社交网络的公司必须触碰系统可以处理的上限，这个概念也适用于社交网站。但是多层客户与客户彼此的导航关系和多层次呼叫将使数据量明显增加。另外，特别是在使用传统工具进行解析时，难度系数会非常大。

三、销售领域：时间与位置数据的营销价值

随着全球定位系统（GPS）、个人 GPS 设备、手机定位功能的出现，时间和位置的信息一直在增加。如图 5-2 所示为用户使用智能手机查看地图时，也能查看自己的位置。许多公司已经开始意识到掌握客户的时间与位置数据的威力，他们开始尝试从客户那里收集信息。

从获取个人的时间、所处位置等信息开始，公司可以迅速进军大数据范围。然而，时间和地点信息是相对隐秘的大数据类型，有的还存有道德和伦理问题，但从良好的角度来看，合理使用的可能性也非常高。

例如，消费者要在 17:30 分离开办公室，大约在 18:00 到达商业街并要找餐厅吃晚餐，他需要掌握餐厅在相应的阶段可以提供什么类型的食物。这时餐厅就需要在对应的时间段相应地餐厅为其准备符合消费者口味的食物，如果第二天早上才借助 E-mail 形式告知相关信息已经太晚了，餐厅必须在消费者到达商业街时便能主动推送相关消息。

近年来，营销领域逐渐凸显一个趋势，那就是要在恰当的时间、恰当的地点为客户有选择性地推送相关消息。这种方法同传统的广撒网方法相比较，优势更明显，更有成效。

另外，增强型社交网络（如婚介公司）也可以使用此类数据。无线运营公司可以根据语音和文本交流信息识别出用户间的关系，借助时间和位置数据可以识别出哪些人在同一时间出现在了同一个地方。如果能识别出哪些人大约在同一时间同一地点出现，就能识别出彼此不认识、但有共同爱好的群体。

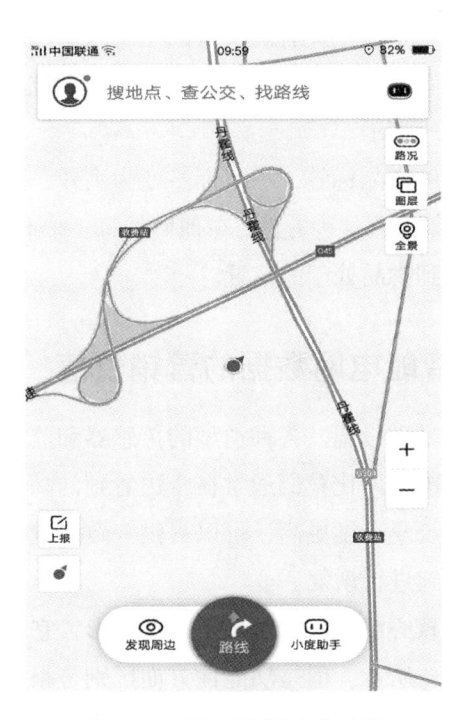

图 5-2　手机地图的定位功能

四、零售制造：RFID 数据的营销价值

射频识别即技术（Radio Frequency Identification，RFID），隶属于通信技术的一种，是当前使用率极高的一项技术，在我们日常生活中的很多场景都可以看到它的身影。例如，学校的图书馆、门禁系统等，资产追踪时期最为核心的一个应用，具体如图 5-3 所示。

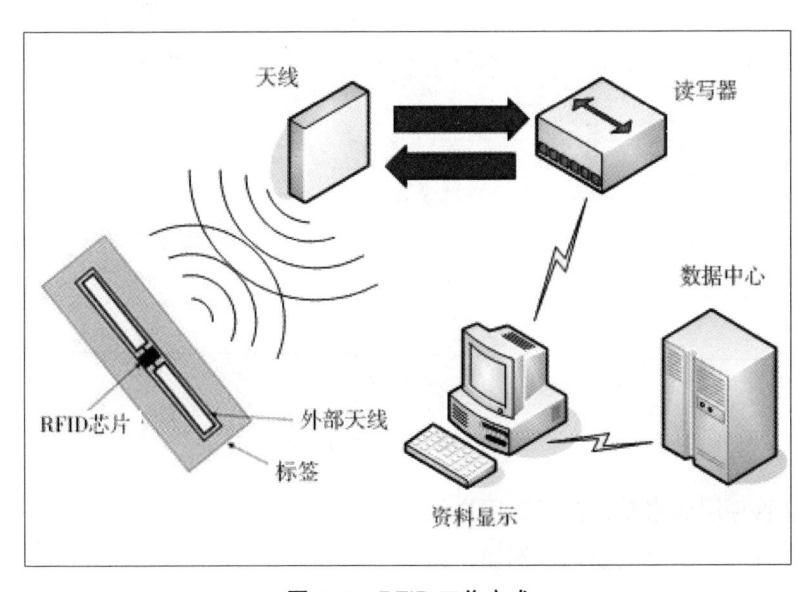

图 5-3　RFID 工作方式

再举一个例子，如果一个企业把拥有的所有固定资产（例如桌椅板凳、计算机等）都粘贴上标签，并执行库存追踪。一旦某一件资产离开了原有位置，系统就会自动输出警告信息，此外还会对违规者有所警示。

这种模式等同于超市里的产品标签，一旦标签变为失效，警报声就会自动回应。对于制造企业来说，他们完全可以采用这种方法，在他们的每一个产品上都粘贴上相应的标签，这样就可以非常容易的查询到物品处于的位置。

五、电力行业：智能电网数据的营销价值

智能电网是下一代电力基础设施。各种类型的传感器和监测设备记录了关于电网本身和流过电流的大量信息。智能电网比我们通常在身边看到的高压输电线可靠性更高。智能电网的监控、通信和发电系统复杂度更高，可以提供一致的服务，并且在发生停电和其他问题时可以很迅速地采取措施进行恢复。

智能电表是智能电网的核心组件，如果单一的看外形，它和我们日常所用的电表几乎没有什么差别，外形如图5-4所示。但是功能性方面区别是很大的，与传统电表相比，智能电表功能性更强，传统电表的数据都是需要抄表员每家每户的进行实地观看和记录，智能电表完全不需要这么费时费力，它可以实现间隔15分钟的自动进行每家每户的数据采集，节省了人工，节约了时间。

图5-4 智能电表

针对用电管理层面来看，在了解用户的需求方面，智能电表发挥了很大的作用，除此之外，也非常有助于用户的使用。例如，如果想知道某一项电器的用电情况，就可以将该电器调整为开启状态，接下来观察电表的用电情况就可以了，智能电表会显示得一清二楚。

有了智能电表数据，消费者可以根据自己的使用模式定制费率套餐，电力公司也可以实现需求预测的准确性。电力公司可以借助不同的方法来驱动各种行为，促使需求趋于平缓，并减少异常需求峰值出现的情况。

六、汽车保险：信息服务数据的营销价值

车载服务在汽车保险行业热议度很高，它是借助汽车内部的传感装置和小黑盒来进行车辆有关数据的采集。这项服务有助于保险公司及时、准确掌握车辆的风险级别，并以此为依据制定合理化的保险费率。

通过配置不同的场景，"黑匣子"用于监控全部车辆信息。例如，车辆速度、行驶范围以及车辆是否加装了紧急制动系统。倘若隐私问题被完全忽视，车载信息服务设备可以追踪车辆到达的地点，什么时间到达，车辆的行驶速度和车辆在行驶过程中使用了什么功能。

固有的风险预估方法通常都是参考年龄、个人意外伤害记录等相关信息，只能简单的获取到大概信息。针对驾驶记录良好的车主，固有的方法无法做到和其他人区别开，但是车载信息服务可以帮助实现，可以减少车主的保险费用，提高公司业绩。

一开始，车载信息服务数据只是一个单一的工具，司机和公司可以借助车载信息服务数据获得更合理的保险。倘若车载信息服务真正实现大规模使用，第三方研究公司将以不记名方式为客户提供车载通信数据收集服务。与为保险采集的有限数据不同，数据收集将在几分钟或几秒内完成，收集内容将包括速度、位置、方向、驾驶员的心律等。

七、博彩行业：筹码跟踪数据的营销价值

筹码跟踪是一种特殊的 RFID 应用，它可以非常精准的知晓玩家所下的赌注。标签可以保证玩家在常规活动中获得所有积分，不多也不少，这不管是对玩家还是赌场来说，无疑都是好事。就赌场层面来说，可以实现资源的精准分配，过度奖励错误的玩家和过少奖励正确的玩家都无法实现有限营销资源的最优化分配，就玩家而言，他们最开心的事莫过于积分一直精准无错误。

知晓了玩家的赌注信息，就可以很好的实现玩家的分类，以理解投注模式。此外，赌场利用筹码追踪技术，玩家很难实现对赌场的欺瞒，就连庄家都很难犯错。

八、工业设备：传感器数据的营销价值

我们都知道，大型的供应设备价格不菲，所以确保设备的正常运转是非常重要的。近些年来，飞机、坦克等大型设备也逐渐利用嵌入式传感器，就是为了实现对设备的时刻监管。

例如，发动机传感器可以获取从温度、转数、燃料吸收率和油压水平等信息，以提前

检测到非正常情况。发动机结构繁杂，维修起来十分困难。有很多运动部件一定要在高温下运行。所以，稳固、可预测的性能变得非常重要，因为机器的使用寿命取决于发动机。

尽管我们采集到的数据是结构化的，独立的数据元素是比较容易理解的，但元素之间的时间关系和模式理解起来是十分困难的。延迟和不可测的外部因素加大了问题的复杂程度。倘若考量全部的信息数据，并确定各种数据的长期影响，这个过程将会非常复杂。

九、视频游戏：遥测数据的营销价值

遥测数据是视频游戏行业用来表明游戏活动状态的术语。视频游戏制造商不但能够轻松了解该软件的购买数量，而且还能够轻松了解该游戏被玩了多长时间。

大部分游戏都是通过订阅模式赚钱，所以保持刷新率对于这些游戏十分重要。借助遥测数据，游戏制造商可以掌握客户的个人信息，实际的游戏玩法以及他们如何与创建的游戏互动，以此推断玩家喜爱的游戏。

游戏视频行业同其他行业一样，客户的满意度是最为看重的。通过对游戏的仔细研究，制造商可以知晓游戏的哪个关卡是比较简单的，哪个关卡是比较难，不容易过关以及调整游戏难度系数，能够给用户更好地体验，赋予用户满足感，只有这样，用户才更愿意购买。

第六章　大数据的商业智能与发展趋势

在大数据时代，一切都存在着可能，这些可能具体表现在数字资源的共享行动、网络学习空间的普及活动、网络扶植工程攻坚行动、教育治理能力提升行动、学生信息素养培育行动、百区千校万课示范行动、宽带卫星联校试点行动、智慧教育创新引领行动等，其中表现最为突出的就是智能商业给社会带来的价值转型正在发生悄然变化，而我们也正从中获得受益。

第一节　大数据的商业智能

一、商业智能的6大发展前景

总体来看，商业智能（Business Intelligence，BI）的发展有以下几个特点：实时操作型、业务流程的集成主动以及跨越企业边界等。商务智能的实时特性，可以让公司与顾客拉近距离，而实时商业智能可以迅速地处理数据，并给出及时、有效的决策。

如今，商业智能的观念不管是技术，还是实践应用都历经了诸多变化，商业智能—商业研究—绩效管理—绩效优化，从技术和应用程序开发层面，商业智能的趋势是什么？笔者在这里谈谈自己的观点，如表6-1所示。

表6-1　商业智能发展及趋势

发展前景	趋势预测
存储器分析	存储器技术已经成为万众瞩目的焦点，它能够为不断增长的庞大数据提供快速分析，未来，大型企业会逐渐采用HANA及Exalytics之类的高端应用，然而大多数用户会继续采用Qlik Tech、Tableau等供应商提供的灵活的存储器解决方案
可视化发现	可视化发现技术会成为商业智能的重头戏，可视化发现不同于存储器技术，尽管在有些行业将两者混淆，而且不少可视化发现工具也内置了存储器引擎
大数据	硬盘读取会因为大数据变得异常缓慢，因此，大数据需要一个速率快的平台，给用户一种无缝对接的感觉，此外，它需要业务人员简单化操作此平台。对于灵活性框架和富有灵活数据挖掘算法的商业智能解决方案而言，大数据为他们提供了无限的发挥空间

续　表

发展前景	趋势预测
移动 BI	移动 BI 性能将继续提升，更多 BI 供应商将调整应用，以适应移动 BI。例如，平板计算机能够支持线下或飞行模式，提供更高的安全性以及更好的性能
云计算 BI	大多数供应商都一致认为，减轻存储器最好的办法就是云计算，认为云计算可以在高峰时段给予更好、更优化的数据解决办法
协作型商务智能	从数据出发，可以在供应商、企业内部和客户之间共享分析的结果，来获得某些行动可能会产生风险。这些风险会给供应商、企业内部、客户之间带来的损失

二、大数据为商业智能构建基础

数据库管理员（Database Administrator，DBA）们都知道数据在任何商业智能解决方案中都是最重要的部分。

实际上，商业智能只是一个帮助企业进行数据处理、辅助决策人员做出精准决定的工具。它是一种帮助企业更好地借助数据来提升决策质量的技术，无论是从数据库还是到研究分析系统。

大数据 BI 是能够处理和分析大数据的 BI 软件，区别于传统 BI 软件，大数据 BI 可以完成对 TB 级别数据的实时分析。例如，阿里巴巴敏锐地捕捉到大数据的巨大潜能。2012 年，阿里巴巴提出大数据战略，通过资源共享与数据互通创造商业价值。在 2012 年的"双十一"销售热潮中，阿里巴巴以云计算为基础的数据服务，对数以亿万计的消费者需求信息进行捕捉，帮助网上商户随时调整销售决策。

如今，新一代信息技术已经彻底地改变了 BI 市场环境，微博的诞生、云计算、物联网、移动互联网等各种爆炸式数据，给商业智能的蓬勃发展提供了良好的"大数据"基础。

大数据为 BI 带来了海量数据。大数据量要更容易对比，它加速了 BI 效率和整合性能力地提升。因此，有人大胆预测：与大数据相关的商务智能分析将引领管理信息化地发展。

三、商业智能成就行业价值机会

1989 年，商务智能界"教父"——霍华德·德雷斯纳（Howard Dresner）提出商业智能的概念，不久后便被人们所广泛获悉。当时将商业智能定义为一类由数据库（或数据集市）、查询报表、数据分析、数据挖掘、数据备份和恢复等部分组成的，以帮助企业决策为目的技术及其应用。

在大数据时代，企业如果想要抢夺大数据市场，就需要具备一定的实力，然而报表的呈现和简易分析只是停留在"B"级阶段，要想达到"I"的阶段，就必须要结合整个大环境、大行业的数据来判断分析并给出真正有价值的信息和决策建议，这取决于企业能拿到多广多深的数据和企业的数据挖掘分析以及建模能力。

大数据与商业智能还是有很大差别的，大数据是借助 BI 工具来实现对海量数据以及非结构化数据执行处理的。传统的处理方法是以事物的数据库系统为基础的，大数据分析不但对结构化的历史数据进行关注，还能更好地对非结构化数据进行最优处理。大数据对 BI 起到了一个很好的补充作用。

例如，在 2002 年的时候，我国民航乘客数量高达 1 亿多，乘客数量的增长随之而来的无疑就是数据的增加，数据类别更是庞大复杂。在当时，航信团队就觉得数据挖掘是十分重要的事情，所以，在数据库平台就进行了尝试。后来，历经多次研究和调查，IT 团队决定纳入富有专业性的商业软件去对整个业务进行最优的部署，这个平台对于客户而言也是意义非凡的。

一部分大型企业都认为商业智能是试金石，所以，在实现信息化建设后就执行决策的解决方案。但是，目前的中小企业在进行商业智能的过程中还是有一定困难的，他们的投入费用以及对商业智能的理解还是存有差别的。

Gartner 是于 20 世纪 10 年代末期成立的，全球最有权威性的 IT 研究与顾问咨询公司，根据他们的相关资料显示：BI 市场正在以每年 9% 的速度攀升，2014 年市场价值已达 810 亿美元，2020 年有望突破 1360 亿美元。

四、ORACLE BIEE 商业智能系统

ORACLE 商业智能平台企业版就是 ORACLE BIEE，是收购、整合 SIEBEL 和 HYPERION 相关 BI 部分构建而成的，它主要负责 ORACLE 整个商业智能体系结构中的数据分析应用程序和视觉显示工作。ORACLE BIEE 架构，如图 6-1 所示，其中最重要、最核心的是 BI Server 所操作 Repository。

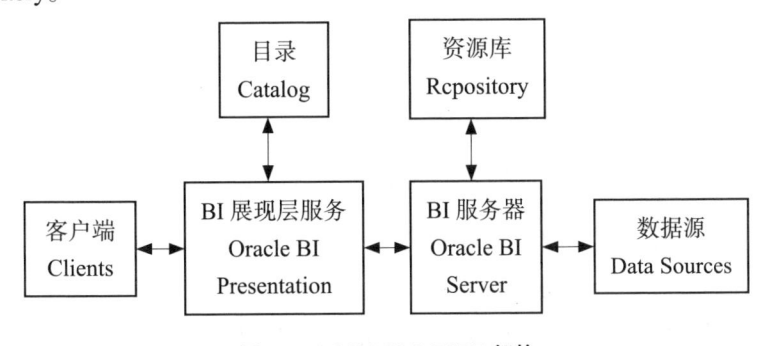

图 6-1　ORACLE BIEE 架构

借助 ORACLE BIEE 商业智能分析模型可以清晰、简单地呈现数据报表。研发人员定义元数据后，即便业务人员不明白内部库表及相关技术也没有关系，仍然可以直观，简单地生成自己需求的智能数据报表，最大程度地提高了业务分析的效率。与此同时，云计算技术地不断进步为商业智能行业催生了新的灵感。依托云计算的商业智能平台可以作为 Web 服务提供给用客户，商业智能的 Web 化和服务可能会成为一种新趋势。

五、BI 导出商业潜能和社会走向

当前，固有的数据库功能俨然无法满足海量的信息，但大数据是完全没有问题的，可以帮助我们分析和利用这些珍贵的数据信息，更好地辅助商业决定。

此外，大数据还实现了诸多事物的数据化，无论是购物习惯、人际关系，还是当前的社会热议话题等都可以实现数据化，这些数据可能带来商业潜力，并可能导致更多的社会趋势。

第二节　大数据的发展趋势

社交软件、电子商务的快速发展也拓宽了互联网的应用范围。目前，在享受网络带给人们的便利时，也将自己的行踪记录无条件的贡献出去了。

据报道，1993 年的美国《纽约人》杂志发表了一幅题目为"互联网上，没有人知道你是一条狗"的漫画，这是对当时互联网情况的真实反应。现如今，借助互联网不但可以知晓对面是一条狗，就连这条狗什么时间最做什么事，什么时间吃东西，喜爱什么食物都摸得一清二楚。在互联网的大数据时代，每个人都将是透明人。

采集研究各种类别的数据，并在最短的时间内获取到为未来产生影响的信息的能力，这是大数据独有的魅力之处。实际上，大数据的来源十分宽广且繁杂，日常生活中的许多东西都具备产生大数据的能力，大到天空上的卫星，小到地上面跑的汽车，每时每刻都会产生海量的数据信息。如果对这些数据加以整合，一定会产生让人为之惊奇的社会及经济价值。

一、大数据撬动全世界

大数据不但数据量呈现出惊人的增长态势，而且还引入了史无前例地不断扩大的数据类别，如广告电子商务推出、物流调度能力、证监会抓仓鼠、金融机构出售资金、民间航空节省费用、农民破解了猪周期、制片人制作电影等。

这些在我们看来似乎都没有任何关系的事情，其实背后都离不开大数据所给予的支撑。近年来，互联网、移动互联网大范围推广和普及，从政府机关到各大企业，从群体组织到民间个体，大数据日积月累的发展。4G 时代的来临，移动数据的速率更是迅速攀升。

与此同时，社会上的每个行业、地球上每个存在的物种，甚至是一朵花、一粒沙全部都是大数据生产者。综观这些现状，我们可以预测，未来大数据覆盖人类生活以及社会行业的速度会越来越快。

例如，世界上第一部"先拍照后对焦"光场相机 Lytro，就运用了大数据处理分析理念。

与传统相机只记录一束光不同,Lytro 可以记录整个广场里所有的光,也就是用总体数据取代了随机样本。用户没必要一开始就对焦,想要什么样的照片可以在拍摄之后再作出决定。

因此,究竟该如何"开采"大数据这座丰富的富矿,成为一个令人着迷的问题,因为与正确答案相伴的将是谁都渴望的巨大商业成功。目前,因为革新的需求,固有的互联网企业处在了大数据时代的最前端。脸书、谷歌、亚马逊以及苹果等公司大将计算机、通信和消费产品三者结合起来逐渐成为大数据的占有者和利用者,当然,他们的发展特点也各不相同。

(1)脸书:依靠其强大的社交网络,已经成为业界第一个生成大数据的"巨鳄"。

(2)苹果:依靠操作系统和颠覆性的终端,正在努力打造大数据的生成之地。

(3)谷歌:主要依靠操作系统、搜索引擎和"Google+"平台整合终端产品,以储备可以利用的大数据。

(4)亚马逊:作为云计算的最早倡导者之一,通过网络平台、云计算平台和阅读终端,期望建立起一个电子商务垂直领域的大数据汇集地。

大数据,正在撬动全世界的神经,无论是国家、企业,还是每一个独立存在的个人,都将成为大数据时代的贡献者和受益者。

二、大数据是大势所趋

有媒体将 2013 年称为"大数据元年"。目前,全球顶尖级的互联网企业几乎全部都将业务范围拓展到大数据产业;不管是社交网站的角逐,还是电商企业的价格战都有大数据的影子。2012 年,美国政府投资两亿美元正式开始执行"大数据研究和发展计划",更将大数据上升到国家战略层面。大数据正在由技术热词转变为一股社会浪潮,影响社会生活的方方面面。

星巴克即将推出的"大数据咖啡杯"就是个很好的范例。据美国网络机构报道,星巴克即将尝试在杯中加入传感设备,目的是为了对消费者喝咖啡所用的时间等信息进行搜集,进而会为耗时较长的顾客提供保温杯,提升消费者的满意度及忠实度。

2008 年开始,整个阿里巴巴平台买家的询盘数量极速减少,而欧美从中国进行的采购总量也在不断下降。一般来说,买家在购买商品之前,会对几家供应商的产品进行多方位的对比,反映在阿里巴巴的网站统计中,即点击次数和购买点击次数将保持相对数值。阿里巴巴平台可以统计所有买卖双方的查询和交易的历史数据,最终形成查询指数和交易指数。这两个指标是紧密相连的:询价指数是前驱性的,早期询价指数越灵活,后期交易额肯定不会少。所以,当马云察觉到指数极速下跌时,就预测到未来的交易量会不太乐观。倘若缺乏大数据技术的支持,这种统计和分析几乎是无法完成的。在这次事件中,马云呼吁并帮助数以万计的中小型制造商准备"冬季食品",获得了崇高的声誉。

所以，大数据是一套全新的价值理论和思想，大众面对的不是随机抽样而是全部数据，不再是精确性而是混合繁杂性，不再是因果性而是关联性。

三、大数据衍生的应用

大家都知道，消费者的喜好、购物行为、关系圈和互联网的发展脉络、发展方向这都是互联网行业人员时刻关注的焦点，所有这些数据的搜集和研究都不能缺少大数据，因为基于社交媒体的大数据挖掘和分析可以派生出许多应用程序。例如，帮助企业进行内部数据开采，提高企业找寻用户的准确率，减少销售费用，提升成交系数，加大利润额。

大数据和社交媒体营销切切实实实现了"量身打造"的营销模式，这是营销时代的进步和飞跃。企业未来的竞争将是数据规模和活动的竞争，将是数据解释和应用的竞争。

科学技术地不断进步，大数据社交营销将成为未来营销的核心场地。在日渐抵达的大数据时代，它可以出现在任何行业和任何服务中，生成的服务和商业模式将是无止境的。笔者认为，以大数据为核心最少可以衍生出六种新的商业模式，分别是：租赁或出售数据、租赁或出售信息、数字媒体的精准化销售、数据研究分析业务、运营数据空间、大数据处理业务，对这个比较有兴趣的朋友可以进行进一步的研究。

当前，在我国"大数据"一直都是谈论的重点，有很多人都选择投身这个行业；但是外国已经经过了概念炒作的时期，实现了真真切切的运用，收获了不错的成效。

四、大数据时代的转变

互联网的焦点正在逐渐转向移动互联网。各种新兴智能移动设备的大范围推广带来了大量的数据爆炸。所以每个人都在讨论大数据。每个人都想使用大数据。但你真的了解大数据吗？该行业目前的状况如何？

实际上，大数据只是一个表述，其形状本身就是一个数据云。所以，基于实时感知，分析，对话和服务能力，使数据流程成为业务和营销活动的核心是关键。如何让这些大数据更好地服务于产品或营销，在大数据时代，了解行业生态系统是不可或缺的。

我们可以结合互联网数据中心（DCCI DATA CENTER OF CHINAINTERNET，DCCI）发布的数据报告一起来看看。

（一）互联网生态结构：传统互联网—移动互联网

据市场研究机构 IDC 预测，2013 年全球智能手机出货量将超过 10 亿部，这个数字意味着 EIC 比 2012 年增长了近 40%。海量智能移动设备访问互联网，移动应用的爆发性增长使得有必要深入挖掘数据。移动互联网与传统互联网的结合已成为所有媒体的关键节点，但它是大数据的前提。

根据 EnfoDesk 易观智库产业数据库最新发布的《2012—2014 中国移动互联网市场预测》数据表明，目前中国移动互联网市场规模已达到 1 500 亿元，移动互联网用户超过 5 亿，是 15 年前的 867 倍，互联网普及率达到 39.9%，ZDC 统计数据显示，参与调查者中，使用手机上网者的比例高达 97.4%，仅有 2.6% 的调查者表示不使用手机上网。

（二）数据流量剧增，导致网络行业发生新的转变

2013 年 12 月 24 日，据《纽约时报》网站报道，过去一年美国手机产业出现两大趋势：手机网络速度更快、智能手机显示屏更大，其结果是用户的移动数据流量增长近 1 倍。2013 年，美国消费者每月使用的移动数据流量由 2012 年的 690MB 增长至 1.2GB；从全球范围来看，消费者每月使用的移动数据流量由 2012 年的 140MB 增长 A240MB。

例如，中国移动数据在 2013 年春节期间涨幅也十分明显，同比上涨了 105%。据中国移动广东地区透露，总体 GPRS 数据使用量同比增长 63.84%；WLAN 数据量同比增长 227.55%；3G 数据量同比增长 212.68%。基于如此强大的数据流量，网站分析（Web Analytics）成为一种新的火爆产业。Web Analytics 是一种网站访客行为的研究，对于商务应用背景来说，网站分析指的是来自某网站搜集的资料，以决定网站布局是否符合商业目标。例如，哪个登录页面（landing page）比较容易刺激顾客购买欲望。

这些收集的数据基本上总是包含网站流量报告，还可能包含电子邮件回复率，直邮活动数据，销售和客户数据，用户绩效数据或其他自定义需求信息。这些数据经常与关键绩效指标进行比较以获得绩效信息，并且还可以用于改善受众对网站或营销活动的回应。

（三）数据方式在发生转变：数据存储—数据应用

从传统的互联网到移动互联网，人们生成的数据与日俱增。与此同时，Google Glass 的出现使我们更加确信，未来的每一个人都会产生更多的数据。但是如果你只是单一的保存这些数据，那么数据自身没有任何价值可言。

根据相关数据表明，当前大数据的市场规模约为 51 亿美元，2017 年，这一数字已经高达到 530 亿美元。这表明数据背后隐藏着巨大的商机。但是，如果真的出现大数据时代，营销人员真的可以使用好数据分析并探寻商业价值吗？ 笔者认为，这是每个公司都应该认真研究的问题。

（四）互联网营销方式的转变：向个性化时代过渡

数据结构类别丰富，视频、音频以及文档的占比已达 50%。大数据中记录了大量的用户行为信息。网络营销将基于行为分析和向个性化时代转变。

互联网上，每天新浪微博用户发博量超过 1 亿条，百度大约要处理数十亿次搜索请求，淘宝网站的交易达数千万笔，联通的用户上网记录一天达到 10TB，这些数据运用得好，可以使大众化营销转向个性化营销，从流量购买转向人群购买。

根据 DCCI 提供的数据，中国拥有超过 230 万个网站，866 亿个网页，135 万个移动应用程序。可以预见的是，国内在线广告也将从传统的集体营销转变成个性化营销，从流量购买转变成人群购买。换句话说，未来的市场将以人为本，积极满足用户的要求。

五、大数据的发展动力

大数据行业健康、有序的发展，市场需求的推动和技术的飞跃这两大因素功不可没，除此之外，也离不开资本与政策的扶持。根据麦肯锡的资料显示，大数据已经产生了十分显著的经济价值：每年为美国医疗行业减少了 3 000 亿美元，帮助欧洲的公共事业部缩减 2 500 亿欧元的费用，为全球个人位置数据服务提供商贡献千亿美元，帮助美国零售业实现净利润增长 60%，帮助制造业在产品开发，组装等环节整整节省了一半的费用等。

纵观现状，大部分企业和群体以及着手开展大数据应用，所以，需要政府机关给予有力扶持。

例如，亚马逊已经切切实实的付出了行动，亚马逊的内部系统会参照消费者最近一段时间所浏览和选择的物品，进行有针对性的物品推送。同样的，政府机构也需要将这种模式运用到公共数据上。

当前，在我国大数据也即将迈入"高速公路"，政府机关、科研组织、商业企业等都正在努力地开展大数据部署工作。在国家的"十三五"规划中，信息处理技术被作为四项核心创新技术工程之一，其中包含大量数据存储、数据开采等。5G 时代的来临，数据流速将得到质的飞跃，会为政府和企业带来更多的战略资源。

以视频监控为例，一个大城市当前大概使用 50 万台摄像机进行视频监控。一个摄像头每小时就会生成几 GB 的数量，那么一天下来，数据容量可达 3PB。"智慧城市"的"智慧"主要源于对海量信息的分析和研究。大数据技术的运用有效实现了"智慧城市"的信息处理需求。如果具有感官功能的传感器是智慧城市的外围神经，连接传感器的城市宽带网络就是智慧城市的神经系统，那么大数据应用一定是智慧城市的大脑，是城市运转的智能引擎。

总的来说，大数据已经成为众人关注的焦点，也是历经了市场、技术、资本和政府机构等多方共同努力的结果。

六、美国给我们的启示

众所周知，美国是发达的国家，无论是社会经济，还是科学技术，美国无疑都是走在最前端，当然，美国也把这种前沿延续到了大数据。例如，美国前总统奥巴马就将大数据完美的应用到了竞选活动中，他们借助对信息的搜集和研究，寻求潜在的乙方选民，此外以数字化策略为依托试图争取持中间态度的公民，这一范例堪称经典，完美地展现了大数据的价值和意义。

以美国为基准，认真研究积极推进大数据的方法将有助于我国学习借鉴先进理论和经验，明晰我国的发展途径和发展侧重点，加快步入"大数据时代"的步伐。

（一）多方位推动大数据应用实践

在美国，各个政府机构、企业和组织等已经完全达成了发展大数据的共识。每一个政府组织、社会组织、科研组织都在以自身的实际情况为基准，逐步推动大数据的发展。

1. 支撑政务活动开展

美国目前正在积极利用大数据来助推革新政府的管理模式和管理水平。依托数据及数据分析来制定决策意见的机构日益增多，并将其逐步应用到舆情管控、打击反恐等活动。

2. 增强社会服务能力

美国的网民数量非常多，累积了大量的数据信息，并且数据总量已经持续攀升。这在一定程度上也加强了美国的社会服务能力，因为这些数据的产生，就相当于有了基础数据，美国的公共机构通过对这些数据的收集、研究和分析，就可以实时掌握美国的人口、交通、医疗等相关情况。

3. 提高商业决策水平

在美国，有很多企业也开始利用大数据，借助大数据进行相关事项的决策，成功的案例非常多，沃尔玛、可口可乐等就是成功者，他们通过对数据的分析，进而了解客户的消费习惯，制定与之相适应的销售方案，收获了不错的成效。

（二）注重营造发展大数据的环境

大数据能在美国发展这么好，原因在于美国具有重视大数据的意识，此外拥有一些掌握核心技术的信息企业。

1. 数据开放为大数据应用提供创新"源头"

能够获取海量数据是大数据实现价值最大化的首要条件。自1990年以来，美国国会和政府机构相继颁布了一系列法规。已经制定了收集，分发，使用和管理数据的具体规则。历经这几十年的修改和优化，已经形成了相对完善的架构和体系。数据的集中性、开放性、共享性和应用程序支持最大限度地促进了美国各界使用大数据。

2. 信息技术巨头为大数据应用落地提供技术支撑

拥有掌握核心技术的信息企业是美国大数据迅猛发展的主要原因。美国拥有微软、谷歌、惠普等实力雄厚的互联网企业，这些企业很早就通过收购或自主研发部署大数据开发，为大数据的发展起到了很大的助推作用，此外，还推出了与大数据紧密相关的服务和产品，方便各行业的应用大数据。

3. 将大数据发展提升到国家战略层面

2012年，美国就宣布正式开始执行《大数据研究和发展计划》，此外，还组建了大数据指导小组，小组的成员来自政府的各个部门，这使得美国成为全世界第一个将大数据从商业行为上升到国家意志和国家战略的国家。

（三）美国大数据发展给我国的启示

中国大数据的应用需求相对较强。将大数据作为推动社会进步，加快经济发展，提高人民生活水平的工具，势在必行。笔者认为，我们可以借鉴美国以下三方面的大数据经验。

1. 夯实大数据发展基础

大数据的发展是一个复杂艰巨的系统工程。要加强大数据立法，促进大数据开放，支持技术创新，这些工作都要齐头并进，只有这些工作做好了才能为我国发展大数据，应用大数据创造更加有利的环境。

2. 确立大数据的战略地位

大数据的竞争关乎我们国家的未来和安全，我国要把大数据发展好、应用好，就需要把大数据提升到国家战略，增强人民的大数据意识，树立大数据的高效率、高水平意识，从国家角度，全方位助推大数据地开展工作。

3. 推动大数据的创新应用

政府机构应该利用自身所收集到的数据，选取几个行业开展试点，累积经验后，再慢慢拓展行业领域、拓宽应用范围。此外，要格外侧重加大在微信、微博等社交网络方面的应用。

第七章　大数据时代的企业营销模式探索

传统企业的互联网转型一般都要经过四个阶段：第一阶段是针对互联网的传播层面而言的，也就是狭义范围上的网络营销，借助互联网工具实现产品发布，产品推广等功能；第二阶段是管道方面的互联网层面，即狭义的电子商务，借助互联网完成产品营销；第三阶段是供应链方面的互联网化，利用C2B模式，让顾客参与产品策划和研发环节；第四阶段是利用互联网思维来重组企业。

目前，传统企业处于第一和第二阶段，依然在开通微信、微博、京东、天猫之间犹豫不定，不具备系统性、完备性的互联网转型思路，这也是很大一部分企业半途而废的原因所在。传统企业的互联化是运用互联网思维重新塑造企业的整个价值链条。

第一节　互联网思维与营销相结合

营销的本质其实只包括三个方面的内容，分别是：谁是购买者、购买者有什么样的需求以及怎样做才能满足购买者的需求。

互联网是企业和顾客之间沟通的枢纽，对于营销来说，互联网的产生为其带来的就是在线广告，利用在线广告可以实现产品展示和推广的准确性、快速性，对信息不对称等问题进行了快速地解决。

互联网的迅猛发展，推动了信息展现方式的更新换代。从门户网站到社交媒体，从新浪到新浪微博，从低效率到高效率，从单方面沟通到双向沟通，也带来了营销新的商机和挑战。博客、微博、微信、QQ空间和等社交媒体产品的重要性只是通信水平的变化，即通过适当的媒体以正确的形式提供适当的信息推送给合适的人。

广泛研讨和分析的"互联网思维"是否仅限于互联网产品的传播？事实当然并非如此简单。

接下来，将互联网思维与营销结合起来进行研讨，深层次剖析互联网的六大思维给营销模式带来的创新。

一、用户思维

用户思维是互联网思维带给营销最为核心的思想。在互联网的背景下，利用微信、QQ等社交产品，信息的传播方式也发生了改变，已经由原来的一对一或一对多转变成多对多。

在当今信息大爆炸的时代中，要始终围绕用户这一中心点。在互联网的背景下，用户的反馈意见、用户的点评所带来的影响越来越大，这样一来，更加强化了公司产品和质量的透明性。用户的表达权随着类似大众点评网等互联网企业的出现而日益凸显，用户的点评都是对相关企业的客观性评价。

因此，许多公司也都在把"去除差评，追求好评"视作销售任务的重要一环，这就是用户思维的呈现。但是这与传统营销中"以客户为核心"的销售思想还是有差别的，在当今的互联网环境下，消费者陈述的内容重要性比较强，他不能仅仅是简单意义上的一种号召力，还需要付出真真切切的行动。

在行销模式上，用户思维的使用主要包含市场定位、品牌规划和体验设计三个方面，这三方面也是与营销购买群体是谁、购买群体需求的是什么样的产品以及如何做才能赢得消费者的青睐这三大本质相互呼应的。

从市场定位的角度来看，互联网经济是代表性的长尾经济，这也就表明企业要给予长尾人口更多的关注度，这意味着公司的市场定位应该特别关注长尾人口。尽管他们每个独立的个体消费能力并不高，但是一旦借助互联网汇总起来，他们的消费力和影响力不容小觑。传统企业无法迎合小众人口的需求，但是利用互联网思想、借助长尾理论，企业前景还是很有希望的。

从品牌规划角度来看，互联网的用户年轻群体所占比重比较大，他们喜欢参与、喜欢分享、喜欢表达自己的感受。所以，在进行产品的策划环节，企业就要把用户的感受、需求考虑进去，完全可以让用户参与到环节中。例如，在产品研发、产品推广等环节，前者形成了定制化，而后者构成了互联网时代的"粉丝经济"。

从体验设计角度来看，互联网经济也可视作体验经济，全部以用户情感为关键点。因此，不管是哪一环，都是对客户的感受加以重视。购买前的询问、购买后的服务体验、服务感受、包装的满意度，通过什么途径产生了购买行为等，这些方面都属于用户体验。所以，在迎合用户需求层面，在产品与用户沟通的这个枢纽中，用户体验务必位居榜首。

二、简约思维

在市场营销中，互联网的第二个思想就是简约思维。亚里士多德（Aristotle）曾经说过："自然界选择最短的道路"。逻辑学家奥卡姆·威廉（Occam William）在14世纪提出了著名的奥卡姆剃刀原理，并告诫人们"不要浪费更多的东西去做能本来用更少的东西就能实现的事情。"也就是后来大众都十分清楚的"如无必要，勿增实体"。奥卡姆剃刀的原理已经演变为"注重结果，始终追求高效简单"的思维方式，即简单思维。

互联网对传统的商业模式产生一次又一次的冲击，用户的话语权更强，大众在审美方面日趋简单化。娱乐性新闻，综艺节目以及更简单的互联网通信平台的发展趋势不断增加，这些平台不需要太多考虑，而且支付简单的在线购物方便快捷。

纵观消费者的购买行为，顾客的选择范围越大，选择时间过于短暂的话，就很容易失去耐心，而且转移成本非常低（线下的话，顾客需要走出来，然后在进入到下一家，但是在线上却非常简单，只需点击鼠标就可以实现）。所以，企业要做到以最快的速度在最短暂的时间内挽留消费者，这就是简约风格。

因此，互联网时代比较重要的业务思想就是简单的思维逻辑。营销模式的应用是尽量简化推送给用户的信息量，如小巧精致的产品线，美观简洁的设计风格以及易于使用的用户体验，以便客户可以在互联网的信息爆炸时代仍然拥有品牌及其产品确保忠诚。总之，它必须满足看起来、用起来、理解起来都十分容易。

看起来简单，最主要的就是在操作界面上进行简化，呈现给消费者最简单的产品，把繁杂的逻辑关系都统统抛到后面。使用起来简便，就是对用户而言操作简单易懂，十分的清晰，能够很容易地找到相应的操作功能。说起来简单，就是要确保在最短时间内让用户发掘产品价值，且能够运用最直接明了的话语表达出来，利于传播，做好口碑营销工作。

三、极致思维

互联网思维注重以用户为核心，若想抓牢紧抓客户，首要做到的就是对客户的心理做到百分百了解。如果从销售角度来看，就是要让消费者在视觉上受到冲击，在使用的过程中，不断地打破自己的预估效果，让产品完美的特点一点一点的呈现，打造产品质量，利用口碑营销，只有把产品质量、服务质量做强、做好、做大才能真正实现网络营销。

销售最看重的就是产品和服务，良好的服务一定会产生超乎预期的效果，超乎预期的效果一定会促进销售的成功率。

在精油类产品中，阿芙精油是当之无愧的佼佼者。阿芙精油的客服从来不会产生中断的情况，不管任何时候都可以对消费者进行答疑解惑，在产品送达的时候，消费者会收到自己心仪已久的商品，会额外获得一些赠送的小样品和试用装，尽管这些小礼品并不昂贵，但是却在心理上让用户有超预期的感受，为商家日后的再度销售做好了铺垫工作，促进消费者多次产生购买行为。

除此之外，阿芙精油还设有首席惊喜官一职，主要就是对消费者的点评进行阅览，挖掘潜在销售员，而且还会送给他们礼物，增加阿芙精油的美誉度和品牌知名度。如果物流在途中耽搁了，出现了产品交付延迟的情况，阿芙还会给消费者发送真诚的抱歉信。阿芙精油的成功取决于最终的服务体验。阿芙精油的营销方式也解释了营销的真正内涵。

在互联网的大背景下，媒介的传播方式也发生了很大的变化，传播管道扁平化越来越明显，不管是知名度高的公众人物还是平民百姓，都有机会成为自媒体。所以，一定要牢牢抓住用户的心理，运用好极致思维，有利于营销顺利开展。

四、迭代思维

在互联网大环境下，科技不断进步，随之而来的就是产品的升级，对于手机等电子产品而言更是如此。以用户提出的意见为基础，在最短的时间内加以修正、改进，并结合到新的产品中，这就是迭代思维。

互联网时代，行业竞争形势十分严峻，消费者的需求每天都在产生变化。因此，在这样的环境背景下，产品更新速度比产品服务质量所起到的影响力更强，一次性满足消费者的全部需求是根本不可能实现的事情，这是不现实的，也没有办法做到，产品要历经多次改变、完善，一点点的迎合需求，只有这样，才能巩固市场地位。这就是微信为什么一年发布了7个版本的原因所在。

在迭代思维中，有两条规则：第一，注重小细节，进行微创新。它注重打持久战，持续迅速地改进产品和经验。连续不断地改进将有助于提升质量，有时还会收获意想不到的创新。第二，天下武功，唯快不破。这一点是告知企业要意识到"快"的重要性，互联网发展的首要条件就是要"快"，产品开发必须快速，用户必须快速发展，营销必须快速。只有这样，他们才能稳固市场地位，在竞争中立于不败之地。

为什么能做到如此之快？与注重细节，认真仔细是分不开的。两者之间相互呼应，微创新是快的内部表达，快是微创新的外部结果；企业时时刻刻的掌握用户的需求，并有针对性进行修整和改进，这就是迭代思维的本质。

实际上，迭代思维也是挖掘顾客需求，并采取行动满足顾客需求的过程。在这样快速迭代的环境下，要有大量的用户反馈数据为支撑，给用户参与的机会，只有这样，我们才能将日常营销自然地整合到产品和服务的迭代和完善过程中，以实现最佳的营销效果。

我们通过对传统企业融入互联网思想可以看出，传统企业采用的是产品研发——产品生产——产品销售的经营模式，在需求环节主要依托消费者的调查结果和相关报告，产品的设计开发时间长，产品问世后不能精准预测市场情况。但是互联网就有所不同，互联网看重的是产品更新换代的速度，让用户拥有参与感，整个过程不会造成时间的浪费，难度小。因此，传统企业可以借鉴互联网中的迭代思维进行营销。

五、流量思维

对于企业来说，在互联网竞争加剧的时代，企业受到的关注度越高，说明曝光度越高，就越容易被消费者所选择。就像《连线》杂志第一任主编凯文·凯利（Kevin Kelly）在《技术元素》一书中所说："目光聚集之处，金钱必将追随"。用户的关注度就是对目光最好的解释。

当一个品牌受到的关注度越高时，资本扩张越容易，与此同时，商业机制提升速度越快。对于传统的店铺销售模式，人流量大的区域，门店客流量越多，那么生意自然不错，当然，所处地段的房租肯定也不会便宜。互联网也适用相同的道理，就淘宝而言，店铺的排名与顾客的流量有直接的关系，交易额取悦于顾客流量。因此，我们就可以把淘宝看作是商业街，商业街的获益模式就是淘宝赚取利润的方式，就是单一把传统商业街的模式转移到了网络上，在借助互联网对顾客的消费和评价进行记录，让数据在淘宝上发挥出更多的价值。这也是互联网公司的估值模式，最为关键的就是流量，它通常指注册用户人数、用户活跃度、用户浏览频次等。一个拥有1 000万用户数量的互联网产品，即便没有利润，那么估值的数额也有可能达到数亿美元。

顾名思义，流量思维就是注重流量的核心作用，要么搞清楚流量需要怎么做才能快速获得？要么就研究如何充分利用流量？借助流量思维，我们就可以知道，捕捉流量是互联网思想最为核心的目标。互联网企业营销很大一部分需要依托流量。公司的创始人也在参加活动、会议等机会中为自己的品牌宣传和推广，赚取流量，在节省广告费用的同时，还获得了巨大的流量，何乐而不为。

运用流量思维进行营销，最有代表性的例子就是不收取任何费用。互联网的很多产品都是不收取任何费用的，就是利用这种免费模式吸引用户，累积客户。例如，淘宝、百度以及腾讯QQ等这些软件都是借助免费一点点发展起来的。慢慢累积客户，等到客户资源膨胀的时候，也就是流量足够多的时期，才会增加需要额外付些费用的产品来获取利润来源。所以，免费其实只是一种营销的手段，实际上仍然是流量思维。

六、平台思维

平台思维包含开放、共享和实现双赢三个部分，在业务上，对于"平台"没有一个确切的定义。该平台以提供某种核心价值为基础，促进内外部的紧密连接。平台价值的创造是基于消费和供应，并在整个过程中实现自我提升。

平台思维的核心主要以具有无限发展潜力的完美"生态圈"的创建为围绕点。操作流程规范化，也有符合其自身情况的机制，促进群体之间的交流、互动，进而加快平台愿景实现的步伐。其实对众多重新进行产业界定的世界大型的企业进行观察，几乎每一个企业都构建了"平台生态系统"。

这个"平台生态系统"连接两个以上的团队，并且打破现存的产业链。在互联网背景下，随着远程、无线和多方协同合作的出现，平台的作用日益凸显。例如淘宝，它是卖家建立店铺和买家进行产品选取的平台。在淘宝店开店无须花费一分钱，卖家凭借自己的本事赚钱。那么淘宝是如何赚取利润的那？它依靠增值服务和管理获得利润。这与流量思维有很大的关联性。作为一个平台，在吸引更多流量后，它可以开始使用增值服务实现流量与收入之间的转化。

平台思维的本质是建立一个多赢的生态系统。生态系统完整性的评判依据就是是否实现开放共赢。为了实现很多流量的引入，可以使用流量思维营销并获取利润。

第二节　媒体趋势

互联网时代给我们带来三个趋势：第一是媒体碎片化的趋势，就是在当今这个互联网时代，我们的媒体已经高度地支离破碎，也就是说每天有太多的媒体在影响、关注我们，所以传播途径需要改变。第二是媒体互动化的趋势，传播方式需要改变。我们知道，互联网时代出现了很多新媒体，新媒体的互动性非常强，传播方式需要改变。第三是媒体管道化的趋势，销售管道需要改变。

一、媒体碎片化

我们每天都会被许多媒体所影响，电视是一个媒体，手机短信也是一个媒体，手机报也是一个媒体。我们坐公共汽车、出租车，椅背也是一个媒体。每一个媒体都是一个广告的平台。

最早在广播出现之前，应该说没有广播这种广告形式，就只有图书、报纸、杂志等平面媒体。广播出现之后，它改变了世界。在只有广播、没有电视的时候，也没有电视广告的说法，结果电视机出现后，电视广告就成了非常重要的广告形式。现在，互联网时代来了，多年前我们根本无法想象在互联网上打广告，而今互联网广告已经是非常重要的媒体形态。

我们每天接触电梯广告、停车场广告、车内广告等各种广告，单是公交车就有车体广告、公交广告牌、公交拉手广告、公交椅背广告等。有些公交车上还有液晶LED屏广告，公交车广播里面也会有广告，甚至公交车自己还有一些电视广告。一辆公交车可能会有10种以上的广告形式。有些公司免费给出租车、飞机等提供椅套，但是椅套上要投放广告。各种广告形态名目繁多。

也就是说只要是能跟消费者接触到的地方，都可以见到广告，我们每天被各种各样的广告形态所影响。这么多的广告，媒体已经变得繁多，你可能在任何单一的媒体上投放广告，作用都非常有限。媒体的形态呈多样化，并向细分方向发展，报纸、杂志、电视、广播、户外媒体、网络媒体都在抢占消费者的眼球。

中国网络广告占比的增长速度非常快。整个广告营销收入的规模，百度有40多亿元，谷歌有20多亿元，新浪和淘宝都有十几亿，它们在中国的广告市场占有非常大的比例。在过去可能打一些传统的广告便能收到良好的效果，但是新媒体，在报纸上打广告价格昂贵，效果却不比从前。

由此可以得出这样一个结论：传统媒体（杂志、报纸、电视）正在不断地被各种媒体瓜分，今天的品牌在新媒体的空间中变得异常脆弱。

互联网时代的到来为我们开辟了一条新路，所以未来一定要做网络媒体。网络媒体的性价比相对较高，消费者会被各种媒体所影响，而网络媒体将成为企业展开营销的主战场。

要小心媒体投放广告浪费的情况。在传统的广告模式下，投放的广告可能会被浪费一半。在电视上投放广告，我们不知道受众是谁，消费者可能看到广告就转台，但是互联网广告可以精准地找到客户，因此必须掌握互联网新媒体的广告打法。

另外，企业必须考虑到新的阵地上去宣传。传统时代的营销宣传成功，可能在互联网时代成为一种包袱。从前企业可能打打广告、做做地面推广、发发传单，就可以获得成功，但是在互联网时代，消费者的决策依据发生了变化，他们可能会搜索、比较、分享，会在互联网上对比价格，因此企业一定要考虑在新的阵地上做宣传。

互联网在媒体中的重要性日益凸显，未来的客户在网络上，企业通过互联网找到客户，可能会成为低成本传播的最佳方式。据统计，目前我国有4.2亿的网民，这些网民可能都是企业的潜在客户，并且网民的增长速度会越来越快，所以企业要考虑在网上找到客户，这是媒体碎片化带给企业的改变。

二、媒体互动化

YOU 时代的来临，核心词是"用户产生价值"。

互联网蓬勃发展，Web2.0 给我们带来了新的发展机遇。传统的媒体，如报纸、杂志无法植入本身的广告之中，但是在互联网时代，网民成为主角，网民创造了很多内容。例如博客网站，博主自己写内容，如果编辑看到这篇文章不错，就可以把它推荐到首页，这就是网民产生的内容。还有论坛里网民发帖、跟帖，这都是网民自己产生的。

YOU 时代的来临，第一个改变是注重交流。从前是"我说你听"，Web2.0 时代变成了"你我交流"。第二个改变是注重交互。第三个改变是发动网民的参与。

麦包包是国内互联网时尚箱包的领导品牌，很少有一个电商网站可以专注某个领域的产品而获得领头羊位置。麦包包做到了，当然这不只是源于麦包包内在的产品性价比，更在于麦包包在微信营销方面的努力。

麦包包的微信公众号客户非常多，而且大多数都是忠实客户，其原因在于麦包包坚持真人互动，为用户送上人性化的解答；另外，每周一次的秒杀机会也成了箱包电商网站微信营销的热点。

首先，我们来看一下真人互动，麦包包坚持做最人性化的微信公众号。麦包包坚持在每天早上9点到晚上11点时段全部都有真人在线为用户提供客服服务。用户有什么需要咨询的问题、了解的内容，都可以与人工客服进行一对一互动。还有一点，麦包包客服在回答用户问题时，从来都不会是一副严肃、呆板的面孔，而是以一种幽默风趣的方式与用户进行互动，甚至还会经常发送一些好玩搞笑的头像和表情，使得用户与客服之间能够有效形成一种朋友模式。事实证明，人工互动可以有效解决用户存在的问题，为用户提供一个清晰明了的购物路径，最大程度帮助"潜在消费者"购物。

其次，麦包包还在微信上采取了每周三秒杀的营销活动。只要用户回复"秒杀"，就能看到本周秒杀的最新时尚产品。关于秒杀产品，麦包包推出了微信独享价，这个价格要比运用其他方式或管道购物至少优惠30元。在秒杀规则中，麦包包不会采取较复杂的方式，如领代金券、输礼品券编码、满额才能有秒杀资格等，而是直接采取微信价格秒杀活动，用户点击"立即抢购"就能快速秒杀。秒杀活动让麦包包超过10万的微信"潜在消费者"蠢蠢欲动，他们每周都会守候在微信公众号的界面中，等待麦包包的秒杀。

在微信营销的实战中，其实最大的忌讳就是机器自动回复，尤其是用户在了解问题和咨询信息时，如果对方出现了一句又一句重复的官方客话时，用户会很反感，甚至还会因此放弃对企业的微信关注。麦包包很早就发现了这个问题的严重性，于是在微信营销中，坚持人工互动，派请众多人工客服守候在计算机前，实时为用户提供每一个问题的解答。这种模式最终收到了良好的效果，让更多用户对麦包包产生了良好印象。

在优惠购物方面，麦包包作为一个箱包电商网站也依然没有放松。每周三的秒杀让超过10万的"潜在消费者"积极守候在微信上面，等待秒杀优惠产品。麦包包的这些做法，只能让自身微信公众号更上一层楼，取得良好业绩。当然了，我们从中也总结出了领域专区电商网站在微信营销中的正确做法。

第一，人工互动更能赢得用户的心。

任何营销方式的核心都是用户，只有赢得了用户的心，才能获得真实的消费群体，促使销售额度增加。微信营销作为一种新形式的营销理应如此，而人工互动正是麦包包电商企业在微信营销中的做法。

以往的机器回复会让用户反感，而且也不能解决问题，因此麦包包跨出了本质性的一步，派请专业客服守候在计算机前进行人工服务，这种方式首先赢得了用户的好感，让用户可以深入了解自己，形成消费意识。有一家专卖尤克里里的网络小店，在微信公众号中就加入了人工服务互动，用户可以在线与店主实现无障碍一对一互动。

第二，每周举行秒杀活动，刺激用户定期消费。

麦包包利用每周三的秒杀活动来刺激用户守候在微信前，等待秒杀。这种方式可以促使用户形成定期消费的习惯，对微信营销来说是一个不错的方式。当然了，在这其中我们还应该注意一点：企业拿出来秒杀的商品，一定是最新产品，并且是物美价廉的。只有这样，才能真正持续吸引用户参与定期秒杀。

唯品会在微信公众号中也推出了每日精选，唯品会每天为用户精挑细选出几款最新潮、时尚的服饰，并且价格要远远低于市场价，而且微信用户独享。这种方式赢得了大批微信"粉丝"静候秒杀。

人工互动不但可以让用户对企业产生良好印象，获得解答帮助，从企业角度来分析，由于其灵活性和主动性，企业还可以借助人工互动巧妙地引导用户来消费。

第一，媒体互动化，注重交流。

经常上论坛的朋友就会发现，论坛回帖可能比帖子本身更好玩。

网友很有创意，回帖都非常好玩，当一个论坛有这样的帖子，有这样的互动时，我们会不会更爱上这样的网站？一定会的，上这个网站的人多了，就会有更高的点击率，而生硬的说教，可能就没有太多的网民参与。

第二，媒体互动化，注重交互。

网上有一段视频叫《京城地铁惊现甩手机男》。这个视频其实是一个索爱手机的植入式广告。这款手机有一个保龄球功能，但它没有直接打广告宣传这个功能，而是通过偷拍的方式，说有一个人在地铁里玩游戏，把手机丢出去了，有人回复说："估计在玩保龄球，嘚瑟得甩出去了吧？"还有一个回应说："不是iPhone吧，iPhone没那么小，应该是索爱吧。"通过这样的广告，达到了非常好的宣传效果，并且还会引起网民的自发宣传和传播，这就是广告巧妙的地方，也是媒体的交互性。

互联网时代，谁都知道互联网媒体的重要性，但是还要知道怎么样在互联网投放广告，需要投放交互式、交互性能发动网友参与的广告。网络广告形态分很多种，包括品牌图形、固定文字链、分类、视频、电子邮件等，有两种形态在广告里占的比例是越来越大，一个是视频广告，另一个是富媒体广告。富媒体广告和视频广告形态特别能吸引年轻人，也提醒企业在选择广告形态的时候要多考虑这种形式。

第三，媒体互动化，发动网民参与。

"参与"主要是要强调一种体验的转变，要发动网民的参与，选美、游戏、投票、征集都是非常好的手段。打广告，也可以发动网民，如餐饮企业完全可以在网站上做一个"最好的菜"的投票，投票以后就有可能发动更多的网友过来品尝菜肴。又如美容行业完全可以评选"最好的发型"，投完票以后，可以免费为网民做一款发型设计。

三星显示器零门槛寻找代言人的广告，发动网民共同参与，体现了媒体互动性。这个活动在一个半月的时间吸引了3.5万名女孩的关注，包括2008年世界小姐中国区的季军，还有很多快乐女生的选手，此活动大幅提升了三星显示器的销售量。此次活动是挑选"绝色宝贝"。"绝色宝贝"有三个条件：第一是五官要非常漂亮，把照片发上来，放到三星显示器的框框里；第二是评选S型的身材；第三是评判她的配合度，包括代言姿态是否与三星显示器的特征吻合。这样就把三星显示器的漂亮、造型、内涵体现出来。可能有些网友是纯粹看美女的，有的是看显示器的，但是不管怎么样，看美女看多了，你可能会看显示器，这就是发动美女参与来提升三星显示器的销售量。

综上所述，互联网时代的传播更加强调互动性，企业的广告要想办法互动起来，即使明白了要去网上找客户，但是方法不对，也是白费工夫，所以广告要强调互动性。

三、媒体管道化

电子商务、互联网销售的规模越来越大。网络购物的销售规模达到数以千亿计，网络购物占社会商品零售总额的比例也在不断地提高，未来还会不断地增加。

电子商务为什么会这么火爆？就是因为互联网有自己的管道属性。电子商务是一种新兴管道，延长了传统企业的"手"和"脚"，由此驱动电子商务的爆发。

媒体碎片化趋势、媒体互动化趋势以及媒体管道化趋势是当今互联网最重要的发展趋势。

在互联网时代的营销环境，网络整合营销有四个原则：趣味、利益、互动和个性原则。

趣味（interesting）原则：有了趣味性，才能让网络营销更好地发展，很多网络事件，在互联网上引起了非常大的反响。

利益（interests）原则：网络是"江湖"，营销活动不能为目标受众提供利益，必然寸步难行。中国互联网习惯了免费，所以企业一定要提供给网友有价值的信息，包括信息、功能或者服务，实际的利益要吸引网民到企业的网站上来。

互动（interaction）原则：网络媒体和传统媒体的差异是互动性，网络媒体要特别强调互动参与，而传统媒体则不注重互动性。

个性（individuality）原则：互联网可以精确地锁定企业的消费者，这是传统的大众广告做不到的，所以在互联网营销中要注重个性原则。

最后要了解网上销售与传统销售的区别，传统销售运用的是 AIDA 模型，从关注，到兴趣，到渴望，到购买。传统的购买方式可能是先关注产品，这个产品有什么卖点可以引起顾客的兴趣；然后是促销员推销；最后就是客户的行动了。

互联网时代的销售，首先是关注一样东西，产品的卖点引起顾客的兴趣，之后顾客会搜索、比较，互联网上比较价非常容易，搜索、比较之后顾客觉得不错，才可能会购买，购买之后顾客会分享购买经验，这是从 AIDA 到 AISAS 的模型，也就是说互联网的搜索和分享是对传统媒体的最好补充。

在互联网时代，没有一个企业大到不能够去挑战，也没有一个企业小到不能够去竞争。让我们一起来打造"互联网+"时代赢利模式。

第三节　消费商模式

借助互联网思维，产品营销可以与产品本身融为一体。互联网思维七字诀："专注、极致、口碑、快。"互联网营销模式其实是与公司经营的方面密不可分，都是互联网思维指导下的统一整体，传播、管道甚至供应链的实现都蕴含着营销的实质。

消费商的模式，即既是消费者又是代理商，是移动互联网的主模式。

经营消费者和消费者群体的商业人士就是我们常说的消费商。长期以来，在我们的思想观点下，经营者扮演的是赚钱的角色，消费者扮演的是花钱的角色，如果消费者想转变扮演的角色，也想想经营商一样赚钱，能够得到利润分红，这在以前，根本是不可能实现的事情。然而，随着时代的发展，社会的进步，在商品类别丰富的环境下，信息技术开发和概念创新的背景下，消费者参与利润分配变成了可实现之事。

现如今，我们处于互联网的时代，在大众的认知下，商人是总变相夸耀自己的商品，这样一来，不管商家做的推广多么好，都不会有很高的含金量；顾客通过变相夸赞的推广引导，数次购买后也丧失信心，商家希望可以得到丰富购物经验的人的指导；少部分人总是能争取巨大的商业利润，贫富悬殊凸显了分配的不公平性；消费者也清醒地意识到，若想改变扮演花钱的角色，就得具有经营者一样的思维，希望可以获取到利润分配的资格；技术地进步让每个人都可以借助信息技术的力量做好宣传工作，并以此达到商业的效果；刺激消费拉动内需，促进经济发展成为商品经济选择的必然。

消费者迎来了变革时代，消费者也可以获得分配利润的资格了。简单的转变思维，对资源进行整合、汇总，挖掘优惠管道，寻找到大量的消费群体，就可以实现角色的转变，实现自己的商业梦想。

消费者作为一个崭新的商业实体必须具有其独特性。总体来讲，消费商的独特性表现在以下方面。

（1）消费商带来了崭新意义的营销机会。

（2）消费商提倡的是"花应该花的钱，挣原先挣不到的钱"，诠释了一种新的利益划分准则。

（3）消费商是有很大优势的，不需要有员工、不需要高昂的投资，风险系数几乎为零。

（4）消费商只是一个能够省钱挣钱的传播者，不参与具体的经营操作，他们是财富的最佳经营者。

（5）消费商最轻的商业资产模式。

（6）消费商可以是第一职业，也可以是闲暇之余的第二职业。

（7）消费者正在引发消费者革命，让消费者获得了参与利润分配的资格，给予更多人成为消费者的机会，实现了分配的合理化。

（8）消费者将成为销售的核心人物，优于原有门店，是互联网时代营销模式的最佳补充。

消费者是在新经济背景下创建的一种新型商业主体。消费商之前有传统的经销商，直销模式出现后直销商随之产生。迈入电子商务时代，创建了网络运营商，每个时代创造出每个时代的身份，适应了不同人群的发展，也实现了不同层次人员的价值。

经销商需要大量成本为前提，并进行市场运作，但是消费商却截然不同，他不需要以资金为前提，它只需要花费时间、对商业概念有所了解就可以，他们的消费品就是自己原本使用的产品,把产品的使用心得、效果分享给大家就可以。

但并非所有合法直销公司的经营者都属于消费者。大多数合法直销公司的经营者都是以产品销售（零售）为导向的直接销售者,而只是将消费者模式引入以生产为导向的消费者的合法直销公司的经营者才算得上真正的消费商。

消费商兼具消费者和运营商双重角色。所以,互联网思维下的营销模式实质上是利用互联网思维渗透到公司运营的各个方面。从互联网的传播开始,表现最为抢眼的就是网络营销;互联网管道的发展,借助电子商务为营销铺平了道路;互联网进入供应链的发展,具备了满足个人需求的能力,营销水平进一步提高;最终演变为整个互联网的经营理念,结束营销过程。

一、传播互联网化

所谓网络营销,实际上就是传播的互联网化。在互联网萌芽初期,产生了门户网站等信息呈现式的产品,主要的目的就是为了处理信息不对等的问题。所以,早期的互联网商业就是网络广告。即便发展到如今,互联网公司最核心的业务依然是网络广告,当然,这也是实现难度最低的网络营销方式。

伴随着互联网的迅猛发展,信息呈现的方式也由初期的门户网站转变成社会化媒体,传播效率日渐提高,沟通方式也由单向沟通转变成双向沟通。所以,利用现代互联网产品,如社交网站、搜索引擎、博客、微博、微信等实现互联网传播的工具,是营销模式转型的第一步,同时也是最简单的一步。

二、管道互联网化

在传统营销时代,不管是消费品行业还是零售行业,他们的竞争归根结底就是管道资源的抢占。为什么这么说？最关键的原因在于我国的流通系统比较落后,终端成本十分高昂,如果厂商直接对接终端用户难度非常大,所以需要依靠管道的支撑进行产品的最终交付。

伴随着互联网技术的迅猛发展,信息不对等的问题日益得到了解决,电子商务也慢慢走近千家万户,厂商可以直接与终端消费者进行对接,管道逐渐呈现出扁平化的发展趋势。

所以,在互联网浪潮下,第二层营销模式是管道的互联化,也就是电子商务的应用。从实质意义上说,2003年是电子商务的开元之年。第一波互联网思维下的8848网站,只能说诞生时间不合时宜。当时,互联网环境和消费环境依然难以支撑电子商务公司的生存。2003年以后,淘宝,京东等一批电子商务网站真正开始了电子商务的浪潮。

但是,淘宝、天猫只是电商的一部分,最终目标是达到全管道电商的状态,"全管道"就是销售管道的全面利用,把消费者的购物体验相互紧密连接起来并且渗透到各个管道中,最大程度的让消费者愉快购物。它不但拥有电子商务中的优势,比如种类繁多的产品。商品搜索、产品比价、消费者活动社区以及消费者评价区等模式日渐成熟化，而且实体门店的优点也同样具备，如体检、专业人员的相互沟通、良好的环境气氛灯。也就是说，厂商需要把消费者的购物或者服务体验渗透到所有管道以及产品终端中。

只采用一个管道进行销售势必会落后于多渠道销售模式，在未来的发展进程中，同时开展线上线下销售管道才是王道，并且实行统一的价格策略也是未来的发展趋势。消费者的购买过程需求确立，寻找合适资源，建立信任，价值决定，产品选择，交易，服务获取和合作的综合。所以，拥有不同管道让消费者自行切换购买是最明智的做法。

三、供应链互联网化

互联网对传播和途径环节产生深刻的影响后，产品和供应链环节也开始重新建立起来。对于制造业而言，会有越来越多的用户借助互联网，参与公司的产品开发和设计环节，支持企业的决策。

对于第三产业服务业而言，互联网也会把用户的真实感受和体验反馈给服务提供方，方便企业进行优化和改善，大众点评就是比较有代表性的范例，餐饮企业可以以大众点评的评论为依据对菜品进行优化和改良。

四、经营理念互联网化

运用互联网思维构建企业业务运营的价值链条，实现经营思想的互联网化是互联网思维的宗旨。

索尼公司首席执行官平井一夫曾经说过："索尼不缺互联网思维，很多产品都有网络功能。最具代表性的是游戏产品，因为游戏要用网络来传输，我们的游戏下载平台有许多用户，我们在互联网产品上有经验和人才。"

从他讲述的这段话中，我们不难发现，像索尼这样的行业领导者也并没有足够深入地理解互联网的思想，产品具有网络功能与公司具有互联网思维之间是不可能画等号的，借助互联网管道实现产品销售，这只是互联网思维的开始。

互联网思维是一个体系，是一整套的思维方式，传统企业要实现互联网的升级转型，要经历传播互联网化、管道互联网化、供应链互联网化、经营思想互联网化四大阶段，实现了经营思想的互联网化才称得上转型成功。

参考文献

[1] 曾杰. 一本书读懂大数据营销 [M]. 北京：中国华侨出版社，2016.

[2] 李娓婷，谭磊. 互联网时代的商业变革 [M]. 北京：新世界出版社，2016.

[3] 黄圣淘. 新融合：后"互联网+"时代盈利模式创新 [M]. 北京：企业管理出版社，2017.

[4] 波特. 竞争优势 [M]. 陈丽芳，译. 北京：中信出版社，2014.

[5] 周浩. 数据为王——企业大数据挖掘与分析 [M]. 北京：电子工业出版社，2016.

[6] 庄贵军. 中国企业的营销渠道行为研究 [M]. 北京：北京大学出版社，2007.

[7] 韩布伟. 互联网+时代大数据营销 [M]. 北京：化学工业出版社，2016.

[8] 李军. 移动大数据商业分析与行业营销：从海量到精准 [M]. 北京：人民邮电出版社，2016.

[9] 苏高. 大数据时代下的营销与商业分析 [M]. 北京：中国铁道出版社，2014.

[10] 周荣庭. 运营数字媒体 [M]. 北京：科学出版社，2012.

[11] 江礼坤. 网络营销推广宝典 [M]. 北京：电子工业出版社，2016.

[12] 津巴多，利佩. 态度改变与社会影响 [M]. 邓羽，肖莉，唐小燕，译. 北京：人民邮电出版社，2018.

[13] 阳翼. 大数据营销 [M]. 北京：中国人民大学出版社，2017.

[14] 舍恩伯格. 大数据时代：生活、工作与思维的大变革 [M]. 周涛，译. 杭州：浙江人民出版社，2013.

[15] 克里斯坦森. 创新者的窘境 [M]. 胡建桥，译. 北京：中信出版社，2014.

[16] 派恩. 体验经济 [M]. 毕崇毅，译. 北京：机械工业出版社，2008.

[17] 鲍易斯. 现代商务发展史 [M]. 王慧，译. 北京：中国社会科学出版社，2004.

[18] 赵明辉，彭小东. 一本书读懂大数据营销 [M]. 重庆：重庆出版社，2015.

[19] 施瓦茨. 选择的悖论：用心理学解读人的经济行为 [M]. 梁嘉歆，黄子威，彭珊怡，译. 杭州：浙江人民出版社，2013.

[20] 三浦展. 第四消费时代 [M]. 马奈，译. 北京：东方出版社，2014.

[21] 克雷文斯. 战略营销 [M]. 董伊人，葛琳，陈龙飞，译. 北京：机械工业出版社，2016.

[22] 查维顿. 大客户：识别、选择与管理 [M]. 李丽，主译. 北京：中国劳动社会保障出版社，2003.

[23] 李军. 实战大数据：客户定位和精准营销 [M] 北京：清华大学出版社，2015.

[24] 厄本.新产品的设计与营销[M].韩冀东,译.北京:华夏出版社,2002.

[25] 凯勒.战略品牌管理[M].吴水龙,何云,译.北京:中国人民大学出版社,2014.

[26] 多兰,西蒙.定价圣经[M].董俊英,译.北京:中信出版社,2010.

[27] 科恩,德卡罗.销售管理[M].刘宝成,李霄松,译.北京:中国人民大学出版社,2017.

[28] 昂德希尔.顾客为什么购买[M].缪青青,刘尚森,译.北京:中信出版社,2016.

[29] 俞宏峰.大规模科学可视化[J].中国计算机学会通讯,2012(9).

[30] 袁晓如,张昕,肖何,等.可视化研究前沿及展望[J].科研信息化技术与应用,2011(7).

[31] 黄伯仲,沈汉威,约翰逊,等.超大规模数据可视分析十大挑战[J].中国计算机学会通讯,2012(9).

[32] 袁鑫.基于营销学4I理论的博物馆展览营销策略初探——以湖南省博物馆为例[J].丝绸之路,2013(2).

[33] 郭益盈,岳寸丹.城市旅游新媒体营销的4I之路[J].经济研究导刊,2014(21).

[34] 吕兴洋,殷敏.旅游手机网络营销初探[J].旅游学刊,2009(8).

[35] 吴胜,苏霞.出版社微博营销的"4I"原则[J].出版发行研究,2012(11).

[36] 盖雄雄.O2O上路:线下整合是关键[J].市场观察,2012(1).

[37] 刘艳.企业微博营销研究[J].市场周刊(理论研究),2013(4).

[38] 张绣月.对新媒体语境下整合营销传播的思考[J].新闻传播,2013(9).

[39] 张力文.新媒体整合营销传播策略[J].新兴传媒,2010(8).

[40] 高红梅.基于新媒体的整合营销传播策略研究[J].新闻知识,2013(12).

[41] 李晓英.大数据时代交互式整合传播营销体系的建构[J].当代传播,2015(4).

[42] 钟正国,邵继红.移动互联网环境下的整合营销传播[J].新闻大学,2016(1).

[43] 聂磊.新媒体环境下大数据驱动的受众分析与传播策略[J].新闻大学,2014(2).

[44] 张晓青,张闻语.基于社会化网络环境下的内容营销策略[J].社科论坛,2013(4).

[45] 姚琪.大数据在"智慧校园"中的价值研究[J].信息网络安全,2013,(8).

[46] 卢建军.基于物联网的工业化与信息化模式研究[J].西安邮电学院学报,2010(6).

[47] 冯登国,张敏,李昊.大数据安全与隐私保护[J].计算机学报,2014(1).

[48] 孟小峰,慈祥.大数据管理:概念技术与挑战[J].计算机研究与发展,2013(1).

[49] 刘峰.大数据时代的电视媒体营销研究——基于网络整合营销4I原则的视角[D].上海:华东师范大学,2014.

[50] 王书伟.大数据时代政府部门间信息资源共享策略研究[D].长春:吉林大学,2013.

后 记

在《大数据时代下的企业营销行为研究》的撰写、研讨过程中,作者首先通过文献查阅和调查,确定了该书的主题,并设计出撰写、研究的框架,从整体上确定了该书的总体研究方向,其次展开层层论述。通过对大数据时代背景多角度、多思维的解读,分析了大数据的发展历程及发展趋势。通过各章节阐述,探索大数据时代下企业营销的未来发展路径和发展模式,使得企业营销的发展步入健康、和谐的发展轨道。

本书一共七章,开篇从国内外研究综述入手,分析研究的价值和意义。第二章分析营销的概念,着重论述营销概念、营销系统,这是营销的横剖面;此外对营销的历史脉络和发展趋势进行梳理,这是营销的纵剖面。互联网信息技术的发展推动了大数据的崛起,所以第三章主要围绕大数据的产生背景、结构特点以及发展方向进行了全面的阐述。大数据对企业营销的影响是第四章的主要内容。第五章、第六章主要从大数据的营销价值和商业智能化方面出发,进行更加详细、深刻的论述,此外,还有不同行业的大量案例,方便大众理解。在大数据的背景下,企业的市场营销发生了很大的改变,因此,第七章主要围绕大数据背景下企业营销的新型模式展开论述,总体概述了大数据时代企业营销的未来发展之势。为了便于读者更好地理解和阅读,我们力争做到图文并茂。

由于本人学识有限,虽然自己在研究过程中做了很大的努力,但文章难免存有不足、疏漏之处,希望得到各位同行及专家的批评指正。